The Four Agreements: A Practical Guide to Personal Freedom

打破人生幻鏡的四個約定

你不必被困在這裡，而是活出前所未有的滿足、快樂與自由

唐・米蓋爾・魯伊茲 Don Miguel Ruiz
珍妮特・密爾斯 Janet Mills
著

蕭寶森
譯

NewLife 23

打破人生幻鏡的四個約定：

你不必被困在這裡，而是活出前所未有的滿足、快樂與自由

原書書名　The Four Agreements: A Practical Guide to Personal Freedom

原書作者　唐・米蓋爾・魯伊茲（Don Miguel Ruiz）、珍妮特・密爾斯（Janet Mills）
譯　　者　蕭寶森
特約編輯　賴文惠
封面設計　林淑慧
主　　編　劉信宏
總 編 輯　林許文二

出　　版　柿子文化事業有限公司
地　　址　11677臺北市羅斯福路五段158號2樓
業務專線　（02）89314903#15
讀者專線　（02）89314903#9
傳　　真　（02）29319207
郵撥帳號　19822651柿子文化事業有限公司
投稿信箱　editor@persimmonbooks.com.tw
服務信箱　service@persimmonbooks.com.tw

業務行政　鄭淑娟・陳顯中

初版一刷　2021年11月
定　　價　新臺幣320元
I S B N　978-986-5496-36-4

網路搜尋 60 秒看新世界

～柿子在秋天火紅 文化在書中成熟～

國家圖書館出版品預行編目(CIP)資料

打破人生幻鏡的四個約定：你不必被困在這裡，而是活出前所未有的滿足、快樂與自由 / 唐.米蓋爾.魯伊茲(Don Miguel Ruiz), 珍妮特.密爾斯(Janet Mills)著 ; 蕭寶森譯.
-- 一版. -- 臺北市 : 柿子文化事業有限公司, 2021.11
面； 公分. -- (New life ; 23)
譯自 : The four agreements : a practical guide to personal freedom.
ISBN 978-986-5496-36-4(平裝)
1.修身 2.生活指導
192.1　　110012690

推薦序

在墨西哥南部有一群科學家與藝術家身分的托爾特克人（Toltec），他們聚集在金字塔古城（Teotihuacan）組成了一個社群，專門探討並保存古老的智慧知識，他們被稱為有學問的人，並且以大師（nagual）和徒弟的傳承，保存下古代的靈性智慧與儀軌。

老鷹騎士系統的大師在上蒼指引下現身分享了這個古老被封存已久的智慧，這些智慧不是宗教，而是包含了所有靈性大師的教誨，更重要的，這不是在高談靈性的闊論，而是傳遞一種讓人們更容易獲得愛與幸福的方式，可以改善關係，以愛來蛻變與覺知。

親近宇宙自然界的巫醫，總是會由夢開始被啟蒙，而後，智慧的聲音由內在升起，追尋真理與智慧，看清夢境的道路於焉展開。

沒有生命，星辰與光便無法存在。人類的覺知是光感知光，而物質是一面鏡子，每一個物體都是鏡子反射著光，形成種種影像，我們無法看明白自己真正的面目，是因為鏡子與鏡子之間隔著一層霧氣，霧氣是夢，鏡子則是我們這個做夢的人。

本書充滿了智慧能量，但不同於古老的典籍，這本書的文字淺顯易懂，只是你可能需要一字一句的細細品味，看似簡單的四個約定，卻蘊藏了無限的智慧思維。

這本書我當作我的教育學院培育專業療癒師的指定閱讀教本之一，也推薦給渴望愛、喜歡探索真相的你。

——上官昭儀／療癒科學督導，靈性智慧領袖教育系統創辦人人生很複雜嗎？

這句話我們應該反過來問：是誰導致了我們的生命如此地顯現？又是誰才能夠真正地決定我們生命的走向？追本溯源，最該為人生負責的人依然是你自己。

是我們習慣低著頭過生活，從小便聽從長輩、學校、制度的教導，將生命的主導權交由他們做決定，我們不敢違逆某人的觀點，作者以馴化（domestication）說明，從小外界便一直以種種社會化的價值觀來馴化我們，讓我們在不知不覺中成為社會模板，逐漸地失去成為獨立人格與堅定信念的機會。

可想而知，當遇到重大挫折時，只能再度從社會化的價值觀尋找答案，無奈的是，造成問題的源頭怎可能有解決問題的方案。

因此，當生活陷入谷底與感到無可奈何時，你所需要的絕不是依賴某位自稱大師的高人指點，而是學習遵守《打破人生幻鏡的四個約定》中所教導的「改變自我信念」的技巧。

生命的順逆來自於信念所創造出來，換言之，生命的實相來自於我們過往的生命，而生命則是由一連串連續的經驗所堆積而已，因此，重新改寫乖舛命運的來源，便能夠梳理出一條不同以往的生命故事。《打破人生幻鏡的四個約定》便是以如此的脈絡所架構而成。

這本書沒有太深奧的道理，都是非常基本到我們容易忽略的創運改命的行為準則，我們只要努力去執行這四項行為準則，便可以迅速解放束縛我們心靈多時的枷鎖，歸還原本就應屬於我們的自由、幸福與愛。

——宇色／「我在人間系列」作家、靈修、瑜伽士

地球和人類現在正在經歷一次新心靈意識大覺醒的非常時期！

表面上物質豐盛、資訊爆炸且思想多元開放，但也導致過多的心思算計、欲望橫流和價值觀混亂的社會現象，讓人處於說不出的精神污染和情緒緊張的不安之中。本書所提出的托爾特克智慧：端正思、言、行精要又可行的四個精神準則約定，正是在提醒我們收攝混亂的心神，幫助我們專注待人處事時思考、言語、行動的本質，而不再成為世間妄念妄言投射和加油添醋的幫凶。

且全書文字通俗易懂，不僅讓心靈追求與修行者知其可貴，也可讓普羅大眾在生活中操作，當作惕勵自己、提升日常生活與工作修練的方法。

無怪乎此書的系列著作在美歐大為暢銷多年，並且成為許多上班族的心靈課程，相信你只要試行操作，一定可以體驗到返樸歸真、回歸本質的生命力量，讓我們一起從這場星球大夢中醒來！

——周介偉／光中心創辦人

我一直強調的「認識自己」，在《打破人生幻鏡的四個約定》這本書中，你可以找到形塑自己的關鍵因素，然後就能找到自我蛻變的方法。

——謝明杰／《老神再在》作者

〔具名推薦〕

Akash 阿喀許／心靈導師、靈氣師父

吳若權／作家、廣播主持、企管顧問

洪仲清／臨床心理師

黃山料／療癒系作家、「一件襯衫」媒體公司創辦人

獲得愛與幸福的方式——托爾特克人的靈性智慧

數千年前，墨西哥南部有一群「托爾特克人」（the Toltec），他們被稱為「有學問的人」。人類學家說他們是一個民族或種族，但事實上，他們是一群科學家與藝術家，當時他們共同組成了一個社群，用以探討並保存古代社會的靈性知識與儀軌，他們以「納格爾」（nagual，即「大師」）與徒弟的身分，聚集在墨西哥市郊一個名為「特奧蒂瓦坎」（Teotihuacan）的金字塔古城，人們相信，在那裡「人會成為神」。

後來，由於那裡被歐洲人佔領，再加上有些弟子濫用個人的影響力，這些「納格爾」不得不把他們的知識隱藏起來，祕而不宣，以免被那些尚未做好準備的人誤用，同時也防止有心人士為了一己私利而刻意濫用。因此，數千年來這些古代的智慧一直不為人知。

所幸，幾個不同世系的「納格爾」已經將這些祕傳的知識收錄起來，並且代代承傳。儘管千百年來一直無人知曉這些知識的存在，但古代曾有人預言，到了某個時代，這些智慧必然還諸於民。

現在，終於有一位來自「老鷹騎士」（the Eagle Knight）世系的「納格爾」在上蒼的引領之下現身，和我們分享這些屬於托爾特克人的知識，他的名字叫米蓋爾・魯伊茲（Miguel Ruiz）。

托爾特克人的知識和世上所有神聖的祕傳教義都源自同一個真理，即使不是宗教，卻包含了世上所有靈性大師的教誨。不過，它談的不是靈性，而是一種讓人們更容易獲得愛與幸福的生活方式。

前言

霧濛濛的鏡子

三千年前，有個如你、我一樣的人，住在一座山城附近，他想成為一名巫醫，所以努力學習，並鑽研祖先流傳下來的知識。但是他並不完全認同那些知識，他感覺應該還有別的東西等著自己去理解。

有一天，他在山洞裡睡著後做了夢，夢中的他正看著自己在睡覺。夢醒後，在那個看不見月亮的晚上，他走出了洞穴，當時夜空清朗，他看到數以百萬計的繁星滿佈。

而後，他看著雙手，感覺身體有了變化，並聽見自己說：「我乃由光所造，由星辰形成。」

他再度抬頭看向天上的星辰，意識到光並不是由星星所產生，而是光形成了星星，於是他宣稱：「萬物皆由光而生，物與物之間並非虛空。」他因此明白，天地萬物都是同一個生命體，而光是生命的信使，因為光有生命力，且蘊含著天地間所有的資訊。

而後他又發現，自己雖然是由星星造成，但和那些星星卻不同，他心想：「我介於這些星辰之間。」於是，他便稱呼那些星星為「托納爾」（tonal），並將介於星星之間的光稱為「納格爾」，而位於星辰與光之間的則是「生命」，或稱為「意念」（Intent）。「生命」使得星辰與光得以和諧共存，並創造出宇宙，沒有「生命」，星辰與光便無法存在，可以說，「生命」是一股絕對的力量，源自那純粹完滿、至高無上、創造萬物的造物主。

他發現：天地萬物都是由一個生命體顯化而成，此生命體我們稱之為「神」，也就是說，**萬物皆是神**。於是他獲得了一個結論：人類的覺知只是光在感知著光，而物質則是一面鏡子。每一個物體都是一面鏡子，反射著光，形成種種影像，而夢則是由幻相所構成的世界，它有如煙霧一般，讓我們看不見自己真正的面目。

他說：「真正的我們，其實就是純粹的愛、純粹的光。」

這個領悟改變了他的一生。在明白自己真正的面貌後，他環顧周遭的人與物，很驚訝的發現：他就存在於萬物之中，存在於每個人、每隻動物、每棵樹木當中，也存在於雨水、雲朵和土壤裡。他看到「生命」將「托納爾」與「納格爾」以各種不同的形式混合，創造出無數的生命形式。

於是，他明白了一切。此時他雖然心中無比激動，但心情卻很安詳，雖然迫不及待地想把這個發現告訴家人，卻不知道該如何將之化做語言。

他試著告訴其他人，但他們卻聽不懂。人們看得出來他已經有所改變，因為他的眼神和聲音都流露出一種美感。同時，他們也注意到，他已經不再批判任何人或事物，他變得和其他人都不一樣了。

他有能力了解每個人，卻沒有人能夠了解他。他們相信，他是神的化身，但他聽到後只是莞爾一笑，說道：「沒錯，我是神，但你們也是。你我都一樣，我們都是光的影像，我們就是神。」然而，人們還是不了解他說的話。

他發現，對其他人而言，他是一面鏡子，他也可以在鏡子裡看到自己。「每個人都是一面鏡子。」他說。他在每一個人身上都可以看到自己，但人們卻無法從他身上看到他們自己。

此外，他也發現，大家其實都在做夢，只是不自覺也不了解自己真正的本質為何。

他們之所以無法從他身上看到自己，是因為鏡子與鏡子之間瀰漫著霧氣，而這霧氣是由人們對光之影像的詮釋——人類的夢——所形成的。

他知道，自己很快就會忘記現在所領悟到的一切，但他想記住所有看到的景象，於是便自稱為「霧濛濛的鏡子」（Smokey Mirror），讓自己能永遠記住：物質是一面鏡子，我們之所以無法明白自己真正的面目，是因為鏡子與鏡子之間有著一層霧氣。

他說：「我是『霧濛濛的鏡子』，因為我在你們每個人的身上都可以看到自己，但因為我們之間隔著一層霧氣，所以認不出彼此。那層霧氣就是『夢』，而那面鏡子則是你這個做夢的人。」

第一章
馴化與行星之夢

現在你所看到、聽到的一切都是一個夢。此時此刻，你正在做夢，是在大腦很清醒的狀態下做夢。

頭腦的主要功能便是做夢，一天二十四小時都在做夢。我們會在大腦清醒時做夢，也會在大腦沉睡時做夢，其間的差別在於：當大腦清醒時，會有一個物質的架構讓我們以線性的、連續的方式感知周遭的事物，而當我們入睡後，就沒有這種架構可依據，因此夢境往往會不斷的變化。

人類一直都在做夢。在我們出生之前，人類便已經在自身之外創造了一個大規模的夢境，我們將之稱為「**社會之夢**」或「**行星之夢**」。這個夢是由數十億的個人所做的小小夢境匯聚而成。這些小小的夢加起來就成了「家庭之夢」、「社區之夢」、「城市之夢」、「國家之夢」，乃至「全人類之夢」。

「行星之夢」包括了社會上所有的規範、信念、法律、宗教、文化與生存方式，以及所有的政府、學校、社會事件與節日。

我們生來就具有學習做夢的能力，前人也會教導我們如何像社會大眾那般做夢。這個存在於外部的夢有許多規則，因此每當一個孩子誕生後，我們便會設法抓住那個孩子的注意力，把這些規則灌輸到他（她）的大腦中。也就是說，父母、學校和我們所信仰的宗教，都會教導我們如何做夢。

「**注意力**」是我們具有的一種能力，可以用它來區別哪些東西是我們想要感知的，然後再把所有的心思都放在這些東西上面。事實上，我們能夠同時感知數以百萬計的事物，但也能運用自己的注意力，把想要感知的事物放在大腦中最重要的位置。我們周遭的大人會抓住我們的注意力，並以不斷重複的方式，把資訊放入我們的頭腦中。我們所知道的一切，就是透過這個方式學習而來的。

我們運用注意力去學習整個現實世界，學習完整的夢想。我們學到了在社會上應該要有如何的行為舉止；學到該相信什麼、不該相信什麼；學到什麼是可接受的，什麼是不可接受的；也學到什麼是好、什麼是壞、什麼是美、什麼是醜、什麼是對，什麼是錯。就這樣，我們學到了所有知識、規範與概念，知道自己在這個世界上應該要有如何的行為和舉止。

在學校時，你坐在一張小椅子上，把注意力放在老師所教的科目上。在教堂內，你把注意力放在神父或牧師所講的道理上。你的父母、兄弟、姊妹也都試圖要抓住你的注意力；與此同時，我們也學會如何博取他人的關注。

漸漸的，我們愈來愈需要別人注意我們，而這樣的需求，有可能會導致我們與他人進行激烈的競爭。兒童會競相博取父母、老師或同儕的關注。「看看我！看我在做什麼！喂，我在這裡！」這樣的需求會變得愈來愈強烈，並持續到成年以後。

外在的夢會抓住我們的注意力，教導我們該相信什麼，而第一步就是從語言開始。**語言是讓人類得以彼此了解並互相溝通的一套符號，其中的每個字母和字眼都是一個約定（agreement）**。當我們說「這一頁」時，「頁」這個字就是我們都能了解的約定。一旦理解了這套符號，我們的注意力就被它抓住了，而且能量就會在人與人之間轉移。

以何種語言成為你的母語，並非你的選擇，同樣的，你所擁有的宗教信仰或道德觀也不是你個人的選擇，這些在你出生之前就已經存在了。我們從來就沒有機會選擇自己可以相信什麼或不相信什麼，即使那些小得不能再小的約定，都不是我們自己選擇的。我們甚至無法選擇自己的名字。

在孩提時，我們沒有機會選擇自己的信念，但卻認同其他人所傳遞給我們的資訊——那些源自行星之夢的資訊。也就是說，資訊必須經過我們的認同，才會加以儲存，而外在之夢雖然可以抓住我們的注意力，但如果我們不認同，自然就不會儲存那些資訊。一旦認同了，就會相信那些資訊，這就是信仰。**所謂的「信仰」，就是無條件的相信。**

我們小時候就是透過這種方式學習。孩子會相信大人所說的每件事，進而認同它們，而且深信不疑，以致這套信念系統決定了我們人生的整個夢境。其實，我們並未選擇過這些信念，也或許曾經反抗過，但由於我們的力量不夠強大，無法反抗成功。所以最後的結果是，我們認同了那些信念，並被它們所左右。

我稱呼這個過程為「人類的馴化」（the domestication of humans）。透過這個過程，我們學會如何生活、如何做夢。在人類的馴化過程中，外在夢境裡所包含的資訊會傳送到內在的夢境中，形成我們的一整套信念系統。孩子最先學會的，是各種事物的名字，例如媽媽、爸爸、牛奶、瓶子等等。就這樣日復一日，我們在家裡、學校、教堂以及電視上，學到如何生活、什麼樣的行為才是可以被容許的。外在的夢教導我們為人之道，讓我們對於什麼是「女人」、什麼是「男人」有了概念。此外，我們也學會了評斷，評斷自己、評斷他人，評斷我們的鄰居。

孩童被馴化的方式，就像我們馴化一隻狗、一隻貓或其他種動物一樣。我們會用處罰和獎賞的方式來訓練一隻狗，而在教導我們深愛的孩子時，也是使用同樣的方式：處罰他們或給他們獎賞。當我們聽從爸媽的話時，他們會說：「你真是個好孩子！」一旦不聽話時，就成了「壞孩子」。

如果不守規範，就會受到處罰；如果遵守規矩，就會得到獎賞。在一天當中，我們會受到多次的懲罰，也會得到多次的獎賞。於是，不久後，我們就會愈來愈害怕受到懲罰，也害怕得不到獎賞。這所謂的「獎賞」，便是父母或其他人（例如手足、老師和朋友）對我們的關注。因此，我們就發展出一種需求，想要博取他人的關注，以便得到獎賞。

得到獎賞的感覺非常美妙。於是，為了得到獎賞，我們便不斷做著別人希望我們做的事。由於害怕受到懲罰，也害怕得不到獎賞，我們便開始戴上假面具，試圖取悅別人，以便讓他人滿意。在家裡，我們努力博取爸媽的歡心。在學校，我們努力取悅老師。同時，我們也試圖讓教會裡的人滿意。於是，我們便開始演戲，之所以會演戲，是因為害怕被別人嫌棄；逐漸的，愈來愈擔心自己不夠好……最後，便成了另外一個人，完全複製了爸媽的信念、社會的信念和宗教的信念。

在馴化的過程中，我們會逐漸喪失自己天生的傾向。等到我們長得夠大、夠懂事時，我們就學會說：「不！」當大人說：「別這樣！別那樣！」時，為了捍衛自由，我們會反抗，對他們說：「不！」我們想要做自己，但由於年紀太小，大人們手中又握有權力，於是過了一段時間之後，我們就知道只要做錯事，一定會受到懲罰，因此就不敢反抗了。

這個馴化的過程對我們造成了很大的影響，以致到了某一個階段，我們已經不需要爸爸媽媽、學校、教會或任何其他人來馴化我們了，因為這時我們已經訓練有素，可以馴化自己了。我們成了一種會自動自我馴化的動物，能夠根據別人加諸我們的那套信念來馴化自己，而且還使用相同的獎懲手段。當違反那套信念所制定的規則時，我們就會懲罰自己；當我們乖乖聽話時，就會獎勵自己。

這套信念就像是支配我們心智的一本律法書，我們不假思索的認定書中所言必是真理。無論做任何判斷，都是以這本律法書為依據，就算我們所做的判斷違反自己的天性，還是會這麼做。在馴化的過程中，即使是像「十誡」這樣的道德規範，也會被寫入心智「程式」中。那些約定一個一個被載入了這本律法書，操控著我們的夢境。

我們的心智當中有一個名為「法官」（the Judge）的部分。它會對每一個人、每一件事情（包括天氣和貓狗在內）都做出評斷。同時它會引用「律法書」中的規定來評斷我們的所作所為、所思所想（包括我們該做而未做、該想到而沒想到的）以及每一種感受，所有的言行舉止都會受到這個「法官」的審判。每一次做了違反「律法書」規定的事情時，這個「法官」就會判定我們有罪，並宣稱我們必須受到處分，而且應該感到羞愧。

這樣的情況每天都會上演許多次，而且終生都不會停止。

此外，我們心中還有一個名為「受害者」（the Victim）的部分。它會接受「法官」的判決，認定自己有錯，並因而自覺羞愧、心懷內疚。它會說：「我真是個可憐蟲！既不夠好，也不夠聰明，不夠有魅力，不值得別人愛我。

唉！真是可憐！」然後，那位偉大的「法官」就會表示贊同，並且說道：「是的，你確實不夠好。」而這一切都是建立在那套被加諸我們身上的信念之上。那些信念具有強大的影響力，即使在多年之後，我們接觸到新的觀念並嘗試自己做決定時，還是會被它們所左右。

無論你做什麼事，只要違反了那本律法書中的規定，就會覺得心裡有一種奇怪的感覺……那種感覺便是「恐懼」。當違反「律法書」中的規範時，你的情感會受到傷害，而反應便是製造情緒毒素。由於你認定「律法書」中的規範必然都正確無誤，因此凡是會對那些信念構成挑戰的事物都會讓你忐忑不安。因為「律法書」中的規範即使不正確，也能夠給你安全感。

所以，我們需要很大的勇氣才能挑戰自己的信念，因為我們雖然知道那些信念並非出自我們的選擇，但畢竟還是經過我們的同意。正因如此，這些信念的影響力非常強大。即使明白它們並不正確，但是當我們違反那些信念時，還是會感到自責、內疚、羞愧。

政府的律法書規範的是整個社會的夢境，我們自己的「律法書」（我們心中的那套信念）規範的則是我們個人的夢境。那些法律都存在於我們的心智中，我們不僅相信它們，內心的那個「法官」也會根據這些法條來做出判決。「法官」做出裁定後，「受害者」就會深感內疚，也會受到懲罰。

但在這個夢境裡，有什麼公平正義可言呢？真正的公平正義是：犯一次錯，只要付出一次代價。但如果你每犯一次錯，就要付出多次代價，那就毫無公平正義可言了。

想想看，我們犯了一次錯誤之後，究竟要付出幾次代價呢？答案是：好幾千次。世上的動物中，唯有人類會為同一個錯誤付出好幾千次的代價。其他動物犯一次錯誤只需要付出一次代價，但我們可不然，因為我們的記性太好了。我們犯了一個錯誤之後，便會審判自己，裁定自己有罪，然後再懲罰自己。如果世上真有公平正義，那這樣也就夠了，我們不需要再重複同樣的程序。然而，我們每次想起自己所犯的這個錯誤時，便會再度審判自己，認定自己有罪，然後再度懲罰自己。如此這般，週而復始。如果我們有丈夫或妻子，他們也會提醒我們所犯的錯誤，讓我們再度審判自己、認定自己有罪並且懲罰自己。這樣公平嗎？

除此之外，我們又會讓配偶、子女或父母為同一個錯誤付出多少次代價呢？每次我們想起他們所犯的錯誤時，就會責怪他們，把情緒毒素倒在他們身上，讓他們為同樣的錯誤再付出一次代價。這樣公平嗎？我們心中的「法官」之所以會犯這樣的錯誤，是因為「律法書」中的那套信念是錯誤的。我們的整個夢境都是建立在這套錯誤的律法上。**儲存在我們心智中的信念，有百分之九十五都是謊言；我們之所以受苦，正是因為相信這些謊言。**

人們生活在地球的夢境中，自然會受盡痛苦、滿懷恐懼，並且生出各種愛恨情仇。這個外在的夢境不是一個令人愉悅的夢。其中充滿暴力、恐懼、戰爭與各種不公不義的現象。至於個人的夢境，則面貌各不相同，但就整個世界而言，大致上可以說是一個惡夢。

如果我們細看人類社會，就會發現在其中生活是很困難的，因為到處都充滿了恐懼。無論在世上任何一個地方，我們都可以看到有人在受苦，看到人們心中充滿怒氣、彼此報復，看到街頭充斥著暴力，看到各種不公不義的現象。這些現象在不同的國家或許有程度上的差異，但就整體而言，我們的外在之夢都籠罩在恐懼中。

如果我們把人類社會的夢境拿來和世上各個宗教對地獄的描述做比較，就會發現二者可說是一模一樣。有些宗教宣稱地獄是人死後受到懲罰的地方，其中充滿恐懼、痛苦與磨難；在那裡，你的身體會被烈火焚燒。

然而，恐懼的情緒也會引發火焰，每當我們感到憤怒、嫉妒、羨慕或怨恨時，就會覺得內心有一團火焰正熊熊燃燒。

這時，我們就是生活在地獄之夢中。

如果你認為地獄是一種心態，那麼地獄就在我們的周遭，而且無所不在。有些人可能會恐嚇我們：如果不照著他們的話去做，就會下地獄。

不幸的是，我們已經身在地獄了，就連那些恐嚇我們的人也不例外。

沒有一個人可以讓另一個人下地獄，因為我們都已經置身其中。

有些人確實能夠把我們打進更深的地獄，但如果沒有經過我們的允許，他們是無法辦到的。

每個人都有自己的夢。個人的夢境往往也像社會之夢一般，被恐懼所統治。我們學會在自己的生活中做著地獄的夢。

當然，每個人表現恐懼的形式不同，但大家都有憤怒、嫉妒、仇恨、羨慕等負面情緒。當我們感到痛苦並活在恐懼之中時，個人的夢境也可能會成為一個揮之不去的惡夢。但我們不需要做惡夢，而可以做令人愉悅的好夢。

全人類都在尋求真理、正義與美。我們之所以不斷尋求真理，是因為我們只相信儲存在心智中的那些謊言。我們之所以尋求正義，是因為我們所擁有的那套信念毫無正義可言。我們之所以尋求美，是因為無論一個人有多美，我們都不認為他（她）美。

就這樣，我們不斷的尋求，但事實上我們所追尋的一切都已然在我們心中。我們無須尋求真理，因為四周所見盡是真理，只是因為心智中所儲存的那些約定和信念，令我們看不見真理。

我們之所以看不見真理，是因為我們已經盲目。讓我們變得盲目的，正是心中那些虛假的信念。我們心中有一種需求，總想證明自己是對的，而他人則是錯的。我們認定自己的信念不可能會錯，但這些信念正是我們之所以受苦的根由。我們就像生活在一場大霧中，只能看到自己的鼻子，其他的地方都看不到。但這場霧並不真實，它是一場夢，是你在生活中所做的一場夢。無論你的信念、對自己的看法或你和自己、和他人、乃至和神所做的那些約定，統統都是如此。

你的心智是一場霧，托爾特克人稱之為「米托太」（mitote）。它也是一場夢。夢中有成千上百個人同時在說話，卻都聽不懂彼此的意思。這便是人類心智的狀態。它是一個巨大的「米托太」，讓你看不見自己本來面目。印度人把「米托太」稱為「馬雅」（maya），即「幻相」之意。

它是每個人的自我概念，你對自己的看法、對這個世界的看法以及你的心智中的所有概念與「程式」，都是「米托太」的一部分。

因此，我們看不見自己的真面目，不知道自己其實並不自由。

這是人類之所以會抗拒生命的緣故。**死亡並不是我們最大的恐懼，活著才是；我們最害怕的事情莫過於去冒險發揮自己的生命力，表現自己真實的面貌，人類最大的恐懼就是不敢做自己。**由於害怕不被別人接納，害怕自己不夠好，於是我們便學會迎合他人的要求，並依照他人的觀點來過活。

在馴化的過程中，我們為了努力讓自己變得夠好，便在腦海中架構了一個完美的形象。我們以為自己應該符合這樣的形象才會被大家所接納。

我們最想取悅的是那些愛我們的人，例如爸爸、媽媽、哥哥、姊姊、神父、牧師和老師等等。為了讓他們滿意，我們創造了一個完美的形象，但我們其實並不符合這個形象，因為它並不真實。如果依照這個標準，永遠都不可能完美！

由於不夠完美，於是我們便厭棄自己。至於厭棄的程度則取決我們的完整性遭大人破壞的程度。當我們被馴化之後，別人是否滿意我們，已經變得不那麼重要了。重要的是我們不滿意自己，因為我們並不符合自己心中所設定的那個完美形象。

由於我們無法成為自己想要的模樣（或者應該說：我們無法成為我們認為自己應該成為的模樣），於是便無法原諒自己，無法原諒自己不夠完美。

由於我們很清楚自己並不是心目中設定應該成為的那個模樣，於是便自覺虛偽、不誠實，並因而感到氣餒。

我們試著隱藏自己，裝成另外一個樣子，於是在和別人往來時，便會戴上一副假面具，以免被對方看穿。我們很害怕別人會發現我們其實並不是如同我們表面的那個模樣。除此之外，我們也會根據自己所建立的完美形象來評斷別人。在這種情況下，他們自然不可能符合我們的期待。

為了取悅他人，我們失去了自尊，甚至會為了獲得他人的接納而傷害自己的身體。有些青少年之所以吸毒，只是為了避免被同儕排斥，但他們並不知道問題出在他們不肯接納自己，他們因為自己並不是自己假裝出來的模樣而厭棄自己。他們希望變成某個樣子，但卻做不到，於是便自覺羞愧、內疚。

總而言之，人類就是如此這般不斷的為了無法成為自己心目中完美的模樣而懲罰自己。逐漸的，變得愈來愈會自虐，甚至還會利用他人來虐待自己。

然而，最會虐待我們的莫過於我們自己。

之所以如此，是因為我們受到自己心中的「法官」和「受害者」以及信念的驅使。有些人可能會受到配偶或父母的虐待，但事實上我們虐待自己的程度更遠甚於別人，而且我們批判自己的方式比誰都嚴苛。

如果在別人的面前犯了錯，我們會極力否認並試圖遮掩，但在四下無人時，心中的「法官」便會開始嚴厲的撻伐，讓我們感到極度內疚，覺得自己很蠢、很壞或毫無用處。

在這一生當中，沒有人曾經像你那般虐待自己，而你愈會虐待自己，就愈能忍受他人的虐待。

如果某個人虐待你的程度更甚於你自己，你很可能會離他（她）遠遠的。但如果對方虐待你的程度稍微比你自己輕一些，你很可能就會繼續和他（她）往來，並且無限期的忍耐下去。

如果你自虐的程度很嚴重，甚至可能會忍受別人對你的毆打、凌辱和鄙視，因為你會認為：「這是我應得的，這個人和我在一起是給我的恩惠，我不配得到別人的愛與尊重，我不夠好。」

我們需要得到他人的愛與接納，但卻無法接納自己、愛自己。事實上，

我們愈愛自己，就愈不會虐待自己。我們之所以會虐待自己，是因為我們討厭自己；而我們之所以會討厭自己，則是因為我們無法符合自己心中的那個完美形象。這個完美形象是我們之所以會厭棄自己的原因。它使得我們無法接納真實的自己，也無法接受他人真實的模樣。

新的夢境序曲

你和自己、他人、神、社會、父母、配偶、兒女以及你的夢境所做的約定多達成千上萬個，但最重要的還是你和自己所訂立的種種約定。你透過這些約定告訴自己你是誰、有何感受和信念，以及應該表現出什麼樣的行為。這些約定造就了你的性格。你透過它們告訴自己：「這就是我，這就是我的信念；有些事情我可以做，有些事情我不能做；這些事情是真實的，那些事情是虛假的；這事是有可能做到的，那事是不可能做到的。」

如果只有一個約定，那問題還不大，但我們有太多會讓自己感到痛苦，並且導致我們失敗的約定。如果你想過著喜悅、滿足的生活，就必須鼓起勇氣打破那些源自恐懼的約定，並找回自己的力量。要知道，**源自恐懼的約定會讓我們耗費許多能量，但源自愛的約定則有助於我們保存能量，甚至獲得更多的能量。**

我們每一個人天生都具備一定的能量。這些能量在我們每天得到適當的休息之後，就會完好如初。不幸的是，在我們訂立並遵守那些約定的過程中，那些能量已經被消耗殆盡，於是便產生了無力感，只能過一天算一天。

但是，當我們沒有力量去改變任何一個約定時，要如何改變自己人生中的整個夢境呢？

如果能夠看清是哪些約定左右了我們的生活，並且不喜歡我們人生中的夢境，就有必要去改變那些約定。當我們願意做出這樣的改變時，有四個效果非常強大的新約定，將能幫助我們打破那些源自恐懼，並且讓人耗盡能量的約定。

每當打破一個舊約定時，當初用來訂立那個約定的力量就會回到你身上。如果你接受這四個新約定，就會擁有足夠力量來改變所有的舊約定。

要接受並遵守這四個約定，必須要有很強的意志力。但如果你能開始試著遵守這些約定，生命將會出現驚人的轉變。那些地獄般的情景將會逐漸消失，你將會創造出新的夢境，一個有如天堂的夢境，並且從此不再生活在地獄般的惡夢中。

智慧摘要

- 語言是讓人類得以彼此了解並互相溝通的一套符號，其中的每個字母和字眼都是一個約定（agreement）。
- 所謂的「信仰」，就是無條件的相信。
- 為了得到獎賞，我們便不斷做著別人希望我們做的事。由於害怕受到懲罰，也害怕得不到獎賞，我們便開始戴上假面具，試圖取悅別人，以便讓他人滿意。

- 想要博取他人的關注，以便得到獎賞。為了得到獎賞，我們便不斷做著別人希望我們做的事。由於害怕受到懲罰，也害怕得不到獎賞，我們便開始戴上假面具。
- 儲存在我們心智中的信念，有百分之九十五都是謊言；我們之所以受苦，正是因為相信這些謊言。
- 每當我們感到憤怒、嫉妒、羨慕或怨恨時，我們就會覺得內心有一團火焰正熊熊燃燒。這時，我們就是生活在地獄之夢中。有些人確實能夠把我們打進更深的地獄，但如果沒有經過我們的允許，他們是無法辦到的。
- 我們之所以看不見真理，是因為我們已經盲目。讓我們變得盲目的，正是心中那些虛假的信念。
- 我們最害怕的事情莫過於去冒險發揮自己的生命力，表現自己真實的面貌，人類最大的恐懼就是不敢做自己。

- 我們愈愛自己，就愈不會虐待自己。我們之所以會虐待自己，是因為我們討厭自己；而我們之所以會討厭自己，則是因為我們無法符合自己心中的那個完美形象。
- 源自恐懼的約定會讓我們耗費許多能量，但源自愛的約定則有助於我們保存能量，甚至獲得更多的能量。

第二章

第一項約定

說純正美好的語言

第一個約定最重要，但也最難做到。它的重要性卻無與倫比，只要做得到，就可以提升自己的生活，讓自己置身人間天堂。

這個約定就是**說純正美好的語言**（be impeccable with your word）。這聽起來很簡單，但效果卻非常強大。

為什麼我們要從自己的言語做起呢？因為言語具有創造事物的力量。它是神賦予你的才能。聖經《約翰福音》在提到神創造宇宙的經過時，曾說：「太初有道，道與神同在，道就是神。」**透過語言，你可以表現創造力。事實上，你的一切都可以透過語言展現出來。**無論使用的是哪一語言，你的意向都會透過話語顯現出來。你的夢想、感受以及真正的面目也會透過你的語言顯現。

語言不只是聲音或書寫符號，它是一種力量。你可以用它來進行思考、表達自我、與他人溝通，從而創造出生命中的各種事件。這世上，除了人類之外，還有其他動物具備說話的能力嗎？因此，語言是人類最強大的工具，你可以用它創造出神奇的事物。但它就像一把雙面刃，既可以創造出最美的夢境，也可以摧毀周遭的一切。如果濫用語言，就會創造出人間地獄；但如果善用自己的語言，就會創造出愛與美，讓自己置身人間天堂。你的語言可以使你獲得自由，也可以讓你被奴役，影響程度超越想像，這一切完全取決於你如何使用語言。你所具有的神奇力量都來自語言，它完全是一種魔法，但如果誤用它，它就會成為危害眾生的「暗黑魔法」。

語言具有極其強大的力量。光是隻字片語就足以改變一個人的一生，甚至摧毀數百萬人的性命。

德國人是一個很聰明的民族，但若干年前，有一個人名叫希特勒的人光憑著語言的力量就控制了整個德國，使它捲入了一場世界大戰，甚至說服德國人犯下了極其凶殘的暴行。

希特勒用他的話語激發了人們內心的恐懼，使得他們因為害怕彼此而自相殘殺，以致當時世界各地都爆發了戰爭，成了一個又一個殺戮戰場。這些根植於恐懼的話語將永遠留在後人的記憶中。

人心就像一塊沃土，不斷被播下一顆又一顆的種子，這些種子就是各式各樣的意見、點子和概念。你在其中播下一顆種子、一個想法之後，它就會逐漸長大。話語就像一顆種子，而人心是如此肥沃的一片土壤，恐懼的種子在其中往往特別容易長大。

事實上，每個人的心田都很肥沃，但只有那些適合它的種子才能夠長大。我們務必要了解自己的心田適合哪一類的種子生長，並且要勤於耕耘，使它能讓愛的種子生根發芽。

以希特勒為例，他播下了許多恐懼的種子，而這些種子快速的生根發芽，長得異常茁壯，最後便導致了大規模的破壞與毀滅。

既然語言具有如此可怕的力量，我們就必須了解自己口中說出的話語會造成什麼樣的影響。只要有一顆恐懼或懷疑的種子被播灑在人們的心中，就足以造成各種影響深遠的事件。

話語就像符咒一般，而人們就像魔法師，不假思索地在他人身上下咒。

每個人都是一個魔法師，能夠以自己的話語在別人身上下咒，也可以解開他人身上的魔咒。事實上，**我們一直都在用自己的意見在別人身上下咒**。舉例來說，如果我看到一個朋友，就立刻對他說：「哎！你的臉色看起來很差，好像快要得到癌症了！」如果他認同了這句話，可能不到一年後就真的罹患癌症了，這就是語言的力量。

在我們被馴化的過程中，父母和手足經常會不假思索的說出他們對我們的看法，而我們也會信以為真，並因而感到惶恐，擔心自己不太會游泳、不擅長運動或寫作等等。如果有一個人說：「你看，這個女孩子長得真醜！」那個女孩聽到後，就會相信自己真的很醜，而且一直到長大之後都是如此。無論她實際上有多麼漂亮，只要她認同了別人的說法，就會相信自己真的很醜，這就是別人加諸在她身上的魔咒。

語言一旦贏得了我們的注意力，就能進入我們的心中，改變我們的信念。這樣的轉變有可能是好的，但也可能是壞的。讓我們再舉一個例子：你可能會認為自己很笨，而且打從你懂事以來就一直有這種想法。於是，你可能就會去做很多事情來證明自己真的很笨。

你也可能會在做了某件事情之後心想：「真希望自己是個聰明人，但我想我一定很笨，否則我就不會這麼做了。」你的心智可以有成千上百個不同的思考方向，但你卻可能會一直被一個信念卡住，那就是：你很笨！

然後有一天，某一個人透過他的話語讓你明白其實你並不笨，而你也相信了他的話。這時候，你就訂立了一項新的約定；從此以後，就不再自認為很笨，也不再做蠢事了。就這樣，一個魔咒被解開了，而這一切都是因著語言的力量。反過來說，如果你原本已經認為自己很笨，然後又有人告訴你：「沒錯，你真的是我見過最笨的一個人。」這時候，那個約定就會被強化，對你的影響也愈來愈大。

現在，讓我們來看看 impeccability 這個字的意思。它的意思就是「沒有罪」。Impeccable 這個字源自拉丁文中的 pecatus 一字，意思就是「罪」。Im 這個字首則表示「沒有」的意思，因此，impeccable 意味著「沒有罪」，亦即純正美好。有些宗教經常會提到「罪」和「罪人」，但我們要理解「罪」的真正意涵。所謂「罪」就是你做出了某件對自己不好的事。

當你有了不利於自己的感受與想法，或者說出違反純正美好的話語時，就有了罪。當你為了某件事情批判或責備自己時，就是在對自己不好，而

「無罪」則恰恰相反。因此「純正美好」就是不跟自己作對，不傷害自己。而「不傷害自己」就是指：**為自己的行為負責，不批判自己，也不責備自己。**

如果我們從這個觀點來看，「罪」便從道德概念或宗教概念變成了常人都可以理解的概念。「罪」是從「排斥自己」開始，而「排斥自己」便是你所犯的最嚴重的一種罪。用宗教術語來說，排斥自我就是一種「不可饒恕的罪」，會導致死亡。相反的，「純正美好」則會帶來生命。

說純正美好的話，就是不要用話語來傷害打擊自己。如果我在街上一看到你就罵你是個笨蛋，表面上看起來我說的話對你不利，但其實我是在對自己不利，因為我這樣說了以後，你一定會恨我，而你恨我這件事對我不利。因此，如果我生了氣並對你說出怨毒的話，我就是在用話語打擊自己。

如果我愛自己，在和你互動時就會表現出這種愛，那麼也就不會說出傷害你的話，因為我怎麼對你，你就會怎麼對我。如果我愛你，你也會愛我。如果我侮辱你，你也會侮辱我。如果我感激你，你也會感激我。如果我對你自私，你也會對我自私。如果我用話語來詛咒你，你也會用話語來詛咒我。

唯有不說無益於自己的話，才能把你的能量用在正確的地方。所謂「把能量用在正確的地方」意思就是：**把你的能量用來表達真理並且關愛自己。**

如果你和自己立約，說純正美好的語言，真理就會透過你顯現，並且化解你心中的情緒毒素。但要訂立這個約定並不容易，因為我們已經學會反其道而行，已經太習慣用謊言來和別人溝通，更重要的是，我們也會用謊言來欺騙自己，因此我們的語言往往對自己無益。

在我們所置身的這個地獄裡面，語言的力量已經遭到徹底的濫用，被我們用來咒罵別人、責怪別人、定他們的罪並且摧毀他們。當然，我們偶爾也會把話語用在正確的地方，但這種情況並不多見。大多數時候，我們都用話語來散佈情緒毒素，如怒氣、嫉妒、羨慕和仇恨等等。

話語具有神奇的魔力，是神賜予人類最有力量的工具，但不幸的是，我們卻用它來傷害自己、報復他人、製造混亂，也用它來挑起種族、人群、家庭與國家之間的仇恨。正因為濫用語言的情況太過普遍，我們才會創造出揮之不去的、有如地獄般的惡夢，也才會把彼此拖下地獄，讓大家都處於恐懼、懷疑的狀態。

語言是人類特有的神奇力量，但當你濫用語言時，它就變成了巫師所使

用的邪術。很不幸的，我們一直不明白自己的語言具有的神奇魔力，於是便不斷的施展邪術。

舉個例子，有個婦人頭腦聰明，心腸也好，而且有一個寶貝女兒。有一天，她工作很不順利，晚上回到家時簡直累壞了，心情不好，頭也很疼，她想要一個人靜一靜，女兒卻在一旁開開心心的又唱又跳。

小女孩並不了解媽媽的感受，只是沉浸在自己的世界裡，做著自己的夢。由於她實在太開心了，於是便不由得愈唱愈大聲，來表達她的喜悅和心中的愛。但她的聲音實在太大了，讓媽媽頭疼的越發厲害了。她的母親終於受不了了，於是忿忿的看著美麗的小女兒，對她說道：「閉嘴！妳的聲音真是難聽死了，請把嘴巴閉上吧！」

其實，小女孩的聲音並不難聽，只是那個母親當下已經無法忍受任何喧鬧。但小女孩相信了媽媽說的話。當下，她便和自己立下了一個約定，從此以後就再也不唱歌了，因為她相信自己的聲音很難聽，會吵到別人。

在學校裡，她逐漸變得靦腆害羞。如果有人叫她唱歌，她絕對不會答應，而且甚至很難開口和別人說話。

因著這個新的約定，她的性情大變，她相信必須壓抑自己的情緒，才能贏得別人的愛與接納。

當我們聽到某個人的意見並且相信他所說的話時，我們就和自己立下了一個約定。從此，這個約定就成了我們的信念之一。

小女孩雖然有著美妙的嗓音，但長大後卻不再唱歌。她身上被施了魔咒，以致她產生了一個病態的情結，而這個魔咒竟是由那個最愛她的人——她的母親——加諸於她身上的。她的母親並不知道自己用話語的黑魔法在女兒身上下了咒，這不是她的錯，因為她不了解語言的力量。她只是在做她的父母和其他一些人經常對她做的事，他們都濫用了語言的力量。

有多少次我們曾經這樣對待我們的兒女呢？我們總是不假思索的對他們說出這類的話，以致他們長年受到黑魔法的危害。但那些疼愛我們的人之所以會把黑魔法加諸我們身上，是因為他們不知道自己在做什麼，所以我們必須原諒他們。

再舉一個例子。有一天早上，你醒來時心情好極了，於是你便對著鏡子打扮了一、兩個小時，讓自己看起來美美的。沒想到你的好朋友卻對你說：「喂！你是怎麼回事呀？看起來真難看，也不瞧瞧你穿的這件是什麼洋裝，看起來很可笑呢！」

她這樣一說，你頓時就被打入了十八層地獄。或許那人是故意要傷害你，而她的目的也真的達成了。

她說的那些話當中蘊含著語言的強大力量，如果你相信了，它就成了一項約定，你就會用所有的力氣來遵守它，這時，她的意見就成了黑魔法。

這類魔咒很難破解。唯一的方法就是根據事實立下一個新的約定。「說純正美好的語言」，其中最重要的一個部分就是要以事實為根據。話語是一把雙面刃，你可以用它來製造謊言，施行黑魔法，也可以用它來陳述真理，解開黑魔咒，因為唯有真理能使我們掙開桎梏，獲得自由。

我們不妨注意觀察人們每天互動的情況，想像一下我們用話語在別人身上下了多少魔咒。長久以來，人們互動的方式已經形成了一種最糟糕的黑魔法，那便是我們所謂的「八卦」。

八卦之所以是最糟糕的一種黑魔法，是因為它百弊而無一利。而透過我們所立的約定，我們也學會了八卦。這是因為從小就不斷聽到周遭的大人東家長、西家短的，公開對別人指指點點，甚至連他們不認識的人也可以說長道短。在這樣的過程中，情緒毒素就在人與人之間流傳，而我們還以為這是一種正常的溝通方式。

這樣的溝通方式在人類社會中已經極其普遍，甚至成為人與人之間建立親近感的一種方式，因為當我們看到別人也和我們一樣過得不是那麼如意時，就會感覺好過一些。俗話說：「不開心的人需要找伴。」那些在生活地獄裡備受煎熬的人都想要找些同伴。在地球之夢中，恐懼與苦難是很重要的一個部分，也是我們之所以憂鬱消沉的原因。

如果人類的心智是一台電腦，那麼八卦就是一種電腦病毒。事實上，電腦病毒也是以一般的程式語言寫成的，只不過它帶著惡意，會在你意想不到而且無法察覺的情況下被嵌入你的電腦程式中，讓你的電腦接收到各種相互矛盾的訊號，使它混亂，於是便開始出現一些異常的狀況，甚至完全當機，無法運作。

人與人之間的八卦消息也是一樣。舉個例子：你即將開始上一堂期待已久並且由一位新老師所指導的課程。但第一天上課前，遇到了一位之前上過這門課的同學，他（她）告訴你：「喔，那個老師真是個自以為是的笨蛋！他根本不知道自己在講什麼，而且個性還挺變態的，你可要小心！」

這個人講的話以及他當時的情緒立刻就對你產生了影響，但事實上，你並不了解他講這些話的動機。他（她）可能曾經被那位老師當掉，所以對他一肚子不爽。也可能他是因為心中的恐懼和偏見而做出了這樣的推斷，但由於你已經學會像孩子那般消化資訊，因此心中多多少少相信了那人的話。

到了課堂上，你聽著那個老師講課時，那些情緒毒素就開始在你心中逐漸發酵了，但你並沒有意識到其實你是透過那人的眼睛來看他。

事後，你開始和班上的其他同學講述這件事，他們也開始認為那位老師真的是愚笨又變態。你因為很不想上他的課，不久之後就退選了，你以為這都是那個老師的錯，殊不知罪魁禍首就是那些八卦。

一個小小的病毒就可能會造成這樣的局面。一則錯誤的訊息哪怕再微不足道，都有可能會影響每一個接觸到它的人，並進而傳染給其他人，使得人與人之間無法溝通。每次有人對你東家長西家短時，他們就在你的大腦裡植入了一個病毒，讓你的腦筋愈來愈混亂。而你為了釐清自己的困惑，並且排除那些情緒毒素，就向別人轉述，把病毒也傳給了他們。

這樣的模式在人與人之間週而復始的上演，到最後大家都只能從那些被病毒感染的迴路中獲取訊息，你的腦子裡好像同時有成千上萬個不同的聲音在說話，這種混亂的狀態就是托爾特克人所說的「米托太」（mitote）。

有些人更加惡劣，他們會像電腦駭客一樣故意散播病毒。比方說，當一個人在生另外一個人的氣時，為了報復對方，可能就會對他說些惡毒的話，或者在背後中傷他，目的就是要散播情緒毒素，讓他感到難受。

在小時候，我們這樣做是出自無心。但長大後，為了打倒別人，會刻意這麼做，然後就欺騙自己，說那人是自作自受，罪有應得。

當我們在病毒的影響下，用扭曲的眼光來觀看這個世界時，很容易會認

為自己所做的殘酷行為都有正當性。但其實我們並不知道這樣濫用語言的行為正使自己墜入更深一層的地獄。

多少年來，除了其他人會對我們聊八卦、談是非，並且用話語在我們身上下咒之外，我們對自己也是如此。我們在對自己說話時內容大多都是：「唉，我看起來好胖唷！」「我長得真難看！」「我老了！」「我的頭髮愈來愈少了！」以及「我再怎麼樣都不夠好、不夠完美！」等等。

你有沒有發現，我們是如何用話語來傷害自己呢？我們必須開始了解話語的本質以及它所具有的力量。如果你了解「說純正美好的語言」這個約定的意義，生命將會出現各種改變。最先改變的將會是你對待自己的方式，其次則是你對待他人（尤其是你最愛的那些人）的方式。

想想看，你曾經有多少次為了讓別人認同你的觀點而議論你最愛的那個人？你曾經有多少次在背後說他（她）的不是，以便證明你的看法是正確的？然而你的意見只是從你自己的角度出發，不一定是正確的。它源自你的信念、自我意識以及個人的夢境。

但為了證明自己是對的，我們卻不惜將那些毒素散播給別人。

我們若能遵守第一個約定，說純正美好的語言，就能逐漸去除心中的情緒毒素，不再把它散佈給身邊的人，包括我們家中的貓狗在內。

當我們只說純正美好的語言，別人就無法在你身上下咒。你之所以會接收到負面的觀念，是因為你的心智成了那類觀念的沃土。當你只說純正美好的話語時，負面的言辭就不容易在你的心中生根茁壯。相反的，你的心田會成為適合愛的語言的沃土。**你愈愛自己，就愈不會說出對自己不好的語言；你有多愛自己、多肯定自己，你說出的語言就有多美好、多完善。**當你說純正美好的話語時，將會感到快樂而安詳。

只要你恪遵這個約定，說純正美好的語言，就能超脫那地獄般的夢境。此刻，我在你心中播下了這顆種子，它是否會萌芽，端看你的心田是否有足夠的養分可供愛的種子生長。如果你好好培育這顆種子，等到它在心田中成長茁壯時，就會生出更多愛的種子，取代那些恐懼的種子。只要能遵守這項約定，今後你的心田就會更適合不一樣的種子生長。

「說純正美好的語言」。如果你想變得自由、快樂，想要脫離地獄般的生活，這就是你應該和自己立下的第一個約定。

它具有強大的力量，你要以正確的方式運用語言，善用你的語言和別人分享你的愛。你要用你的語言施展白魔法，而且從自己開始做起，你要告訴自己你有多好、多棒，你要告訴自己你有多愛自己。你要運用語言來打破那些讓你感到痛苦的約定。

這是有可能做到的，因為我已經做到了，而且我並沒有比你更厲害。事實上，我們都一樣，同樣生而為人，有同樣的頭腦和同樣的身體。如果我能打破那些舊的約定，並且和自己立下新的約定，你也可以。如果我能停止說出傷害自己的話，你有什麼理由做不到呢？請相信我，光是這個約定就足以改變你的一生；它能讓你得到個人的自由，不凡的成就以及豐足的人生；它能帶走所有的恐懼，並將它們化為愛與喜悅。

你可以想像一下當你說出純正美好的語言時，未來將是什麼光景。你將可以脫離充滿恐懼的夢境，過著不一樣的人生。當眾人都過著有如地獄般的生活時，你卻能置身天堂，因為你已經對地獄有了免疫力。你能夠躋身天堂的國度，只要遵守這項約定：說純正美好的語言。

智慧摘要

- 透過語言，你可以表現創造力。事實上，你的一切都可以透過語言展現出來。

- 語言不只是聲音或書寫符號，它是一種力量。
- 我們一直都在用自己的意見在別人身上下咒。
- 語言一旦贏得了我們的注意力，就能進入我們的心中，改變我們的信念。這樣的轉變有可能是好的，但也可能是壞的。
- 所謂「把能量用在正確的地方」意思就是：把你的能量用來表達真理並且關愛自己。
- 說純正美好的話，就是不要用話語來傷害打擊自己。
- 語言是人類特有的神奇力量，但當你濫用語言時，它就變成了巫師所使用的邪術。
- 如果人類的心智是一台電腦，那麼八卦就是一種電腦病毒。
- 你越愛自己，就越不會說出對自己不好的語言；你有多愛自己、多肯定自己，你說出的語言就有多美好、多完善。

第三章

第二項約定
不要認為別人的言行
與你有關

下面這三項約定其實是從第一項約定衍生而來。第二項便是：「不要認為別人的言行與你有關」。

無論遇到了什麼事，都不要認為那和你有關。就拿我先前所舉過的那個例子來說，我不認識你，但如果我在街上一看到你，就對你說：「嘿，你真是個大笨蛋！」那不是你的問題，而是我的問題。如果你認為那句話是衝著你來的，那或許是因為你原本就認為自己是個笨蛋。或許你心裡是這麼想的：「咦，他是怎麼知道的？難道他有透視眼？還是每個人都能看得出來我有多笨？」

你之所以認為對方所說的話和你有關，是因為你認同它。一旦你認同了，那毒素就滲入你心裡，而後便會被困在那地獄般的夢境中。你之所以會被困住，是因為你的「**自我重要性**」（personal importance）。所謂「自我重要性」，就是認為事情和自己有關，這是人類自私心態的極致展現，因為我們認定每一件事都和「我」有關。在受教育（被馴化）的過程中，我們學會了這種思維方式，認為每件事都和自己有關，認為我們要為所有的事情負責，什麼都是「我」「我」「我」！

但事實上，**別人所做的事情沒有一件是因你而起，他們之所以會那麼做，純粹是因著他們自身的緣故。要知道，所有人都活在自己的夢境裡**，所思所想各不相同，他們所置身的世界和我們全然不同。

如果我們認為某件事情是因我們而起，就等於是認定他們了解我們自身的世界所發生的事情，如此，就等於把自己的想法強加在他們身上。

就算有某個情況似乎是因你而起，就算有人當面侮辱你，那也和你毫無關係。對方所說的話、所做的事、所發表的意見，都取決於他們心中的那些約定。他們會用什麼樣的觀點來看待事情，都和他們在被馴化期間所受的訓練有關。

如果有人表達他對你的看法，並且說：「嘿，你看起來好胖呀！」你也不要認為這事和你有關，因為對方其實是受到他的感受、信念和看法所影響。他試圖把毒素傳給你，要是把它放在心上，就會中對方的毒，讓那毒素進入你的心中。

如果你認為別人的言行和你有關，就會很容易成為那些黑魔法師的獵物。他們只要用一個微不足道的意見就可以讓你上鉤，隨意餵食你任何一種毒藥，假若你認為那個意見和你有關，就會把那種毒藥吃下去。當你把他們的情緒垃圾（他們給你吃的毒藥）統統吃下去之後，這些垃圾就會堆在心裡，成了你家的垃圾。

但如果你不認為他們的言行和你有關，就不會受害；這項約定能夠使你即使置身地獄之中，也不致於受到他人的毒害。

如果你認為別人的言語或行為是針對自己，就會感覺受到冒犯，於是開始為自己的信念辯解，因而引發你和對方之間的衝突。

之所以會如此小題大做，是因為你需要感覺自己是對的、別人都是錯的。為了達到這個目的，你也會對別人指指點點。但同樣的，無論你有什麼樣的感受、做出什麼樣的行為，那都只是你個人夢境的投射，它們反映出的是你自己心中的那些約定。你所有的言語、行為和意見都是這些約定的產物，和我毫不相干。

我不會在意別人怎麼看我，也不會認為他們的想法和我有關。如果有人說：「米蓋爾，你真棒！」我不會認為那和我有關。如果他們說：「米蓋爾，你真差勁！」我也會覺得那與我無關，因為我知道，當他們開心的時候，就會對我說：「米蓋爾，你真是個天使！」但當他們生我的氣時，就會說：「喔，米蓋爾，你真是個惡魔！你好噁心，怎麼可以說那樣的話呢？」無論他們怎麼說，我都不會受到影響，因為我知道自己是誰。我不需要被別人接納，也不需要別人來告訴我：「米蓋爾，你做得好！」或：「你怎麼敢這麼做呢？」

不，我不會認為他們說的那些話和我有關。我知道：無論別人有什麼想法或感受，那都是他們的問題，不是我的問題。那是他們看待這個世界的方式，與任何人都無關，因為他們面對的是他們自己的問題，不是我。

每個人都會有自己的看法，而這些看法都是根據他們心中的那套信念形成的，所以他們對我的看法其實與我無關，而是和他們自己有關。

你甚至可能會對我說：「米蓋爾，你的話刺痛了我。」但刺痛你的其實不是我說的話。你之所以感覺刺痛，是因為我說的話觸碰到了你心中的傷口。讓你感到刺痛的其實是你自己，所以那與我無關。

這並不是因為我不相信你所說的話，也不是因為我不信任你，而是因為我知道你是用你自己的眼睛來看待這個世界，因此你所看到畫面與我不同。你在自己的腦海中創作出了一部電影，在這部電影中，你既是導演，也是製片，同時還分飾男女主角，其他的人全都是配角；那是屬於你的電影。

你觀看這部電影的方式是根據你和生命所立下的約定。你所看到的一切純粹只是個人的觀點，與他人無關。所以，如果你生我的氣，我知道那其實是你自己的問題，我只不過是你用來生氣的一個藉口。

你之所以會生氣，是因為你害怕，因為你心中恐懼。

如果你不害怕，就不可能會生我的氣。如果你不害怕，就不會恨我。如果你不害怕，就不會忌妒，也不會難過。

如果心中沒有恐懼，而是充滿了愛，就不會有以上那些情緒。如果沒有那些情緒，你自然會覺得心情愉悅。當心情愉悅時，你會覺得周遭的一切都很美好。當周遭的一切都很美好時，所有的事物都會讓你開心；你會喜愛身旁的一切，因為你愛自己，喜歡自己真實的模樣，也對自己以及現在的生活感到滿意。你滿意自己所創作的電影，也滿意你和生命立下的那些約定。你感覺安詳而快樂，過得很幸福，感覺萬事萬物都很美好。在這種幸福的狀態下，你會對所感知到的一切充滿了愛。

無論別人做什麼、想什麼、說什麼或有何感受，你都不要認為那與你有關。如果他們說你很棒，那也不是因為你才這麼說。你知道你很棒，不需要別人來告訴你。所以無論什麼事，都和你無關；說得極端一點，就算有人拿了一把槍對著你的頭部射擊，那也和你無關。

事實上，就連你對你自己的看法也不見得正確。因此，無論你聽到你的腦海裡的聲音在說什麼，那都和你無關。我們的頭腦有能力對自己說話，但也有能力聽見來自其他國度的訊息。

有時，你會聽到腦海裡有某個聲音，但不知道它來自何處。這個聲音可能來自另一個世界，那裡有和人類的心智很相像的生命體，托爾特克人稱之為「盟友」（Allies），歐洲、非洲和印度的人則稱為「眾神」（Gods）。

我們的心智有一部分存在於和諸神同樣的時空，它和祂們一樣生活在那個實相中，而且能夠感知到那個實相。它既可以透過眼睛看見並感知到那個實相，也可以不透過眼睛，但我們的理智就沒有辦法了。

事實上，我們的心智乃是生活在一個以上的維度中。有時候你的腦海裡可能會浮現一些點子，這些點子雖然不是你自己想出來的，卻會浮現在你的腦海。對於腦海中的那些聲音，你可以相信，也可以不相信，也可以認為它們與你無關。就像我們可以選擇要不要相信並認同地球的夢境，也可以選擇要不要相信腦海裡的那些聲音。

除此之外，我們的心智也能自說自話，並且聆聽自己的聲音。它就像我們的身體一樣，有著各個不同的部分。就如同你可以用一隻手握住另外一隻手，去觸摸它一般，你的心智也能和自己對話。其中有一部分在說話，另外一部分則在聆聽。當你的心智有一千個部分同時在說話時，問題就大了。這就是所謂的「米托太」，還記得嗎？

我們可以把「米托太」比喻為一座巨大的市場，裡面有成千上萬人同時出聲，並且彼此討價還價，每個人都有不同的想法和感受，觀點也都各異。我們心智中的那些程式（我們所立下的那些約定）不見得彼此相容，每個約定就像一個獨立的生命，有自己的個性和聲音。有些約定和其他約定互相抵觸，彼此衝突，最後就演變成一場心智大戰。

人們之所以不知道自己想要什麼、用什麼方式達成、或者什麼時候想要，就是因為「米托太」。他們的內心並不一致，因為他們心裡有些部分想要這個，有些部分卻想要那個。

我們的心智中會有某個部分反對某些想法和行動，但另一個部分卻贊同。由於這些部分都具有生命，而且各自有不同的聲音，因此便導致了我們內在的衝突。我們唯有盤點自己所立下的約定，才能發現心中有哪些衝突，並讓混亂的「米托太」恢復秩序。

不要認為別人的言行和你有關，因為你如果認為它和你有關，只會讓自己白白受苦。

要知道，人類已經對痛苦成癮了，只是每個人痛苦的程度不同，上癮的程度也不同。而且，我們還會互相幫忙，讓彼此無法脫離這樣的癮頭。也就是說，我們會彼此協助，讓對方受苦。如果你需要被人虐待，很容易就會被他人虐待；同樣的，如果身邊有人需要受苦，你的內在也會有某個部分讓你去虐待他們。那些人的背上彷彿貼了一張紙條，上面寫著：「請踢我一腳。」他們需要找一個正當的理由來讓自己受苦，但這樣的癮頭只不過是他們心中一個不斷被強化的約定罷了。

無論你走到哪裡，總有一些人會對你說謊。當你的覺察力愈來愈強時，將會發現你也會對自己說謊。所以，你不要指望別人對你說實話，因為他們對自己也不誠實。你必須相信自己的判斷力，並決定是否要相信某個人對你說的話。

當我們看清了他人的真實情況，不認為他們的言行與我們有關時，無論他們說什麼或做什麼，我們都不可能會受傷。即使別人騙你，你也無所謂，因為你知道他們之所以會騙你，是因為他們心中懷有恐懼。他們害怕你會發現他們其實並不完美，要拿下那副社交面具很不容易。

如果有人嘴裡說一套，做出來的是另外一套，而你卻不願意面對他們言行不一的事實，你就是在自我欺騙。

但如果你對自己誠實，就可以省卻許多痛苦，面對真相或許令人難受，但不會一直痛苦下去，你遲早能夠得到療癒，並且漸入佳境。

如果有某個人不愛你、不尊重你，那麼他（她）離開你反而是一件好事。如果那人不離開，你勢必會繼續承受多年的痛苦；他們的離開或許會讓你難過一段時間，但最終心裡的傷痕必然會癒合，到時就可以選擇自己真正想要的東西。**你將會發現：與其信任別人，不如相信自己能夠做出正確的抉擇。**

當你已經養成了習慣，不再認為別人的言行與你有關時，就可以避免生命中許多的不快。你將不會再生氣，也不會再嫉妒或羨慕別人，甚至不會再悲傷。

如果你遵守這項約定，並且養成了習慣，你將會發現沒有任何事情能讓你重新回那地獄般的生活，你將會擁有高度的自由，也不會受到黑魔法師的危害，無論多麼強大的魔咒都無法影響你。

縱使全世界都在議論你，只要你不認為那與你有關，就不會受到影響。

縱使有人刻意把情緒毒素倒在你身上，如果你認為那不干你的事，它就不會進入你心裡；而當你拒絕收下那些毒素時，它就會加倍的回到對方身上。

至此，你應該可以看出這項約定有多麼重要了，它可以幫助你打破許多讓你被困在地獄般的夢境中、讓你白白受苦的習慣。只要遵守這項約定，就能逐漸打破許許多多微不足道但卻讓你受苦的約定。事實上，如果你能遵守前兩項約定，就可以打破百分之七十五的這類約定。

你可以把這項約定寫在紙上，然後把它貼在冰箱上，隨時提醒自己：不要認為別人的言行與你有關。如果你能遵守這項約定，並且養成習慣，那麼無論別人說什麼、做什麼，都不一定要相信。你只需要讓自己做出負責任的選擇就可以了。

你永遠不能為別人的行為負責，只能為自己負責。當你真正明白了這一點並且不再認為別人的言行與你有關時，就不會因為他人無心的評論或舉動而受傷。如果你能遵守這項約定，那麼無論走到哪裡、對誰敞開心房，都不會受到任何傷害。

由此，你將能夠勇敢的表達心中的愛意，不擔心自己會受到嘲弄或被人拒絕。你將能夠大膽的提出需求，也將能夠隨心所欲的答應別人或拒絕別人，不會因此感到內疚，也不會批判自己，你可以選擇做自己想做的事情。

屆時，即使置身於地獄之中，你的內心仍將會感到平靜而快樂；你可以一直處在這種幸福的狀態，絲毫不受地獄的影響。

智慧摘要

- 無論遇到了什麼事，都不要認為那和你有關。
- 別人所做的事情沒有一件是因你而起，他們之所以會那麼做，純粹是因著他們自身的緣故。要知道，所有人都活在自己的夢境裡。
- 你之所以認為對方所說的話和你有關，是因為你認同它。一旦你認同了，那毒素就滲入你心裡，而後便會被困在那地獄般的夢境中。
- 之所以會如此小題大做，是因為你需要感覺自己是對的、別人都是錯的。為了達到這個目的，你也會對別人指指點點。
- 人類已經對痛苦成癮了，只是每個人痛苦的程度不同，上癮的程度也不同。而且，我們還會互相幫忙，讓彼此無法脫離這樣的癮頭。
- 你將會發現：與其信任別人，不如相信自己能夠做出正確的抉擇。
- 縱使有人刻意把情緒毒素倒在你身上，如果你認為那不干你的事，它就不會進入你心裡；而當你拒絕收下那些毒素時，它就會加倍的回到對方身上。

● 你永遠不能為別人的行為負責，只能為自己負責。

第四章
第三項約定
不妄作假設

第三項約定是不妄作假設。

遇到事情，我們往往都會妄作假設。但這種做法的不妥之處在於：我們都相信自己的假設是正確的，認為事實就像我們所想的那樣。我們會揣測別人做事的動機與想法，並且認為他們是衝著我們來的，然後就開始責怪他們，並且用語言向他們傾倒情緒毒素。

所以，如果我們妄作假設，就等於是自找麻煩。但我們遇到事情總是會先做出種種假設、誤解別人的意思，並且認為事情與我們有關，平白為自己製造了一大堆麻煩。

事實上，你生命中的各種痛苦悲傷、愛恨情仇都源自你妄作假設並且認為別人的所作所為與你有關。請花一點時間想想這個說法是否有道理：人與人之間之所以彼此爭戰不休，之所以會生活在地獄般的夢境中，就是因為我們經常妄作假設並認定事情與我們有關。

這樣的行為會使我們製造出許多情緒毒素。這是因為當我們心中有了一些假設性的想法時，就會開始到處宣揚。

請記住，在我們生活的這個如地獄般的夢境中，是透過八卦的方式來和別人溝通，並藉此轉移我們的情緒毒素。遇到事情時，因為不敢要求別人澄清，便在心中做著種種假設，而且相信我們所做的揣測都是事實，然後就開始為自己辯護，試圖證明自己是對的，對方是錯的。但事實上，與其假定別人如何，不如向他們提問，因為我們所做的假設只會讓自己難受。

人類心智中的「米托太」會製造出許多混亂，讓我們對事情做出錯誤的詮釋，誤解事情的原貌。我們往往只看得到自己想看的東西，只聽得到我們想聽的話語，無法如實的觀看；同時，我們也習慣無中生有、憑空想像。遇到事情，因為無法理解，就會做出種種假定，揣測其意義所在，直到事情真相大白，才會恍然大悟，發現事情根本不是我們想像的那樣。

舉個例子，有一天你在一家購物商場裡面閒逛，突然看到一個你喜歡的人。他轉頭對你微微一笑，然後就走開了。這時，你可能就會據此做出種種假定，心裡還會生出許多幻想，希望這些幻想能夠成真。比方說，你可能會想：「嗯，他很喜歡我呢！」感覺你們之間可能有點兒什麼，甚至幻想自己與那個人結婚的情景。但這些幻想都只存在你的腦海裡，是你個人的夢境，並非事實。

我們在與他人往來時，如果經常妄作假設，就會為自己帶來許多麻煩。

比方說，我們經常會認定自己的伴侶知道我們在想什麼，所以不需要把想法說出來。我們以為：對方既然已經如此了解我們，一定會做出我們期待他們做的事。如果沒有，我們就會很受傷，並且對他們說：「你應該知道的呀！」

再舉一個例子：當你決定要結婚時，應該認定另一半的婚姻觀和你相同。但是當真正開始一起生活時，才發現事實並非如此，於是你們之間就發生了許多衝突。儘管如此，你還是沒有試著釐清你們雙方對婚姻的感覺。

先生下班回家時，發現太太正在生氣，但並不明白她何以如此。這或許是因為太太認定先生很了解她，知道她想要什麼（彷彿她先生有讀心術似的），所以就沒有告訴他，而他並沒有符合她的期待，於是她就很生氣。

所以，如果我們在愛情或婚姻中經常妄作假設，就會讓我們和自己所愛的人發生很多衝突、糾紛與誤解。

事實上，無論在任何一種人際關係中，都有可能會以為別人知道我們在想什麼，所以我們並不需要說出來。我們會以為他們既然如此了解我們，應當要按照我們的意思去做；一旦事情不如我們預測，就會受傷，心想：「怎麼會這樣呢？你應該知道的呀。」就這樣，我們很容易認定別人知道我們的想法，然後再以這個假定做出更多的假設，於是就生出了許多事端。

人類的心智運作的方式很有意思。我們需要為每件事情找到合理的答案，以便能解釋它、了解它，這樣我們才會有安全感。但這世上有太多的事情是說不通的，於是心中就存有千百萬個疑問，我們需要為這些問題找到解答。至於這些解答是否正確，那並不重要，因為光是答案本身就足以讓我們有安全感，所以我們便會做出種種假定。

如果別人說了什麼，我們會據以做出一些假定。如果他們不說，我們也會進行各種揣測，以便滿足我們對知的需求，並省卻和別人溝通的麻煩。即使無法理解自己所聽到的事情，我們也會揣測其中的意義，並認定事情就是這樣。事實上，**我們之所以會做出各種假定，是因為我們沒有勇氣提問**。

大多數時候，我們都在不自覺的情況下，不假思索的就做出一些假定，這是因為我們已經立下了一些約定，同意以這種方式來溝通。我們認同了兩個觀念：第一：問問題是不安全的。第二：如果別人真心愛我們，就應該知道我們想要什麼或者有何感受。

而當我們相信一件事情時，就會認為自己一定是對的，甚至會為了替自己的立場辯護而不惜破壞我們和別人的關係。

我們認定每一個人的生命觀都和我們相同，也認定別人思考事情、感受事物、評斷他人和傷害別人的方式都和我們相同。這是人類所做的最重要的一個假定。我們以為每一個人都會像我們那樣，評斷我們、傷害我們、虐待我們、責備我們，因此我們就不敢在他人面前表現自己真實的模樣。

也就是說，在別人還沒有機會討厭我們之前，我們就已經先討厭自己了，這就是人類的思維方式。

除了揣測別人的心思之外，我們也會認定自己應該是什麼樣子，於是便引發了許多內在衝突。比方說，你可能會以為：「這件事情我可以做得到。」結果卻發現事實並非如此。

許多時候，你不曾花一些時間來問自己一些問題並試著回答，於是你要不就高估自己，要不就低估自己。但事實上，在遇到情況時，你或許需要蒐集更多相關的資料，以便做出精確的評估。或者，你應該承認自己內心真正想要的東西，不要再欺騙自己。

當你喜歡某一個人，並且開始和他（她）來往時，你需要證明自己之所以喜歡這個人是有道理的。於是，你便只看到你想看到的那一面，不願承認那人有一些你並不喜歡的地方。為了說服自己所做的選擇很正確，你先是欺騙自己，然後又做出種種假設，其中包括：「我的愛將能夠改變他（她）。」

但事實並非如此，你的愛並不能改變任何人。如果對方改變了，那是因為他（她）自己想要改變，而非你能改變他（她）。等到之後你們兩人之間發生了一些事情，使你受到傷害時，你就突然看到了之前不想看到的那一面，而且還會用情緒毒素將它放大。由於你必須為自己的痛苦找理由，於是就把一切都怪罪到對方身上。但事實上，那是你自己的選擇。

愛是不需要理由的，要嘛就愛一個人，要嘛就不愛。如果真的愛一個人，就會接納他（她）原本的模樣，不會想改變對方；如果試圖想改變對方，就意味著我們並不是真正喜歡他們。

當然，如果你決定要和另一個人一起生活，你最好找個完全符合你的標準的人，一個你完全不需要去改變的人，這樣會比試著去改變對方容易得多。同時，那個人也必須愛你原來的模樣，以免他（她）想要改變你。如果他（她）覺得必須改變你，那就表示他（她）並不是真的喜歡你原來的模樣；如果你不是他（她）所想要的模樣，那你為什麼還要和他（她）在一起呢？

我們必須做自己，這樣我們才不必營造出一個虛假的形象。如果你愛我原來的模樣，那就接受我吧！否則，就去找別人吧！這話或許不太中聽，但如果我們能以這樣的方式和別人溝通，和他們所做的約定就會清清楚楚，不會傷害到自己。

如果有一天，在你面對伴侶乃至其他所有人時，能夠不再妄作假設，那麼你的溝通方式將會出現一百八十度的大轉變。屆時，你和他人之間的關係，就不會因為那些錯誤的假設所引發的衝突而受到影響。

要讓自己不再妄作假設，唯一的方法就是提出問題，你的溝通方式一定要清楚明白。如果有不了解的地方，就要勇於提出問題，盡可能的把事情弄個清楚。但就算弄清楚了，也不要認定自己已經掌握了所有狀況；一旦提出疑惑，而且得到了解答，你就會明白真相，也就不需要再做任何假設了。

除了勇於提問之外，如果有什麼需求，也要明明白白的說出來。對方有權拒絕或接受你的請求，但你也有權提出。同樣的，每一個人都有權向你提出請求，而你也有權接受或拒絕。

總而言之，如果你不了解某件事情，最好要問個明白，不要妄作假設。一旦不再妄作假設，就能和別人清楚地溝通，不會製造任何情緒毒素。

當你不再妄作假設假設，就不會說出傷害自己的語言。

如果你能清楚地和別人溝通，所有的人際關係（包括你和伴侶以及其他每個人的關係）都將會出現變化。你將不再需要做任何假設，因為所有的事情都講得很清楚。「這是我要的；那是你要的。」

如果能用這種方式溝通，就不致說出無益於自己的語言。如果全人類都能以這種方式溝通，世上就不會有戰爭與暴力，人與人之間也不會有誤解。如果我們能進行清楚、良好的溝通，人類的所有問題都將能夠得到解決。

這便是第三項約定：**不要妄作假設**。如果光只是在嘴巴上說一說，聽起來好像很容易，但要實行起來，其實挺困難的，因為我們的所作所為往往背道而馳。問題在於我們都有一些連自己都無法察覺的習慣，要做到這項約定，第一步就是要察覺這些習慣，並了解這項約定的重要性。

但光是了解它的重要性還是不夠，因為資訊或觀念只是播灑在你的心田中的一顆種子，真正能改變現狀的是行動。如果能重複採取行動，意志就能夠日益堅定，那顆種子也將得到滋養壯大，為你奠定堅實的基礎，讓你可以養成新的習慣。

而在經過多次重複後，新的約定就會成為你的第二天性。屆時，你將會看到自己如何憑藉語言的魔力脫胎換骨，從一個黑魔法師變成了白魔法師！

一個白魔法師會用語言來從事創造工作、為他人付出、分享自己所擁有的事物並且讓他人感受到愛。如果你能養成習慣，遵守這項約定，人生將會徹底改觀。

當你改變個人的夢境時，生命就會出現魔法；由於精神自由了，你所需要的事物將很容易就來到你面前。這是意向、精神、愛、感恩與生命的修煉，這是托爾特克人所追求的目標，也是通往個人自由的道路。

智慧摘要

- 人與人之間之所以彼此爭戰不休，之所以會生活在地獄般的夢境中，就是因為我們經常妄作假設並認定事情與我們有關。
- 我們在與他人往來時，如果經常妄作假設，就會為自己帶來許多麻煩。

- 我們之所以會做出各種假定，是因為我們沒有勇氣提問。
- 愛是不需要理由的，要嘛就愛一個人，要嘛就不愛。如果真的愛一個人，就會接納他（她）原本的模樣，不會想改變對方；如果試圖想改變對方，就意味著我們並不是真正喜歡他們。
- 要讓自己不再妄作假設，唯一的方法就是提出問題，你的溝通方式一定要清楚明白。
- 當你改變個人的夢境時，生命就會出現魔法；由於精神自由了，你所需要的事物將很容易就來到你面前。這是意向、精神、愛、感恩與生命的修煉。

第五章

第四項約定
凡事盡力而為

這是最後一項約定，但它能夠讓前面三項約定成為你根深蒂固的習慣。也就是說，它是你遵守前三項約定時，所必須奉行的原則：凡事盡力而為。

無論在任何情況下，你都要盡力而為，拿出最好的表現，不多不少，全力以赴。但要記住：在不同的時刻，你的「最好的表現」會有所差異。

由於世事無常，所以你的「最好的表現」有時可能很棒，有時可能不會太好。在早晨剛起床、精神飽滿的時候，表現一定會比晚上疲累的時候更好。在身體健康的時候，表現必然會比生病的時候更好。在清醒的時候，你的表現也會比喝醉酒的時候好。同樣的，表現的優劣，也將取決於心情是美好、開心，還是煩惱、生氣或嫉妒。

即使在情緒平穩的狀態下，你的表現也可能會因時而異：這一刻和下一刻不同，這個鐘頭和下一個鐘頭不同，今天和明天不同。但是在逐漸養成遵守這四項約定的習慣時，你的表現也會漸入佳境。

無論「最好的表現」如何，凡事都要盡力而為，不能增一分，也不能減一分。如果太過努力，超出自己的能力範圍，就會白白耗費能量，而且也無法達成標準。一旦你做得太過頭時，將會耗損自己的身體，對自己不利，而且反而要花更多的時間才能達成目標。但如果沒有盡全力，自己就會很容易遭受失望與挫折，因而批判自己、感到內疚與後悔。

所以，凡事都要盡力而為，無論在任何情況下都是如此。就算你病了或很累，只要盡了力，就不會批判自己。

如果不批判自己，就不會內疚、自責並因而懲罰自己。只要你凡事盡力而為，就能打破加諸在你身上的大魔咒。

從前有一個男人想要離苦得樂，於是他便前往一座佛教寺廟，向一位大師請益。他走到大師面前，問道：「大師，如果我每天都打坐四小時，要多久才能離苦得樂？」

大師看著他說道：「如果你每天打坐四小時，或許十年後就可以離苦得樂了。」男人心想他可以更努力一些，於是便說：「喔，大師，那如果我每天都打坐八小時，那多久以後就能離苦得樂呢？」

大師看著他說道：「如果你每天都打坐八小時，那你可能要二十年後才能離苦得樂。」男人不解地問道：「為什麼呢？為什麼我打坐愈久，要花的時間卻反而愈多呢？」

大師答道：「你來這裡，不是為了放棄心中的喜悅或生活，你是為了要享受生活、做一個快樂的人並且關愛眾生。如果你一天打坐兩個小時就夠了，卻花八個小時去做這件事，不僅會讓自己很累，沒辦法掌握要領，更無法享受生命，你只要盡力而為就可以了。或許有一天你會明白：無論每天打坐多久，你都能夠享受生活、關愛眾生並且做個快樂的人。」

凡事只要盡力而為，就能夠把生活發揮到極致，做事也會很有成效，而且會對自己很好，因為你將會全心為你的家庭、社區付出，也會把每一件事都做好。**因為會讓你感到極度快樂的是行動本身，當你想要盡己所能的把事情做好時，一定會採取行動。而你之所以採取行動，不是為了得到獎賞，而是因為你樂在其中，唯有這樣，才會拿出你最好的表現。**但大多數人卻正好相反。他們只有在可能得到獎賞時才會採取行動，但並不享受行動的過程，所以才無法拿出自己最好的表現。

舉個例子，大多數人每天上班時滿腦子想的都是：什麼時候要發薪水、自己可以從工作中得到多少報酬等等，而且一心期盼週末、發薪日和休假日到來。他們的內心其實並不想工作，只是為了報酬才勉為其難，於是便抱著多一事不如少一事的心態，並不想積極採取行動，日子久了，採取行動這件事對他們來說就變得愈發困難，於是自然無法拿出最好的表現。

這類人之所以一整個星期都苦苦工作，不是因為他們喜歡工作，而是不得不然，因為他們得支付房租、養家餬口，所以非工作不可。為此他們甚感無奈與挫折。然而，當他們真的領到薪水時，卻並不開心。照說他們有兩天的時間可以休息休息，做自己想做的事，但結果他們做了什麼？他們只是試圖逃避現實。他們會去喝酒買醉，因為不喜歡自己，不喜歡自己的生活。**當我們不喜歡自己時，就會用很多方法來傷害自己。**

反過來說，如果你是為了行動而行動，不是為了得到報酬，你將會發現無論採取什麼行動，都會樂在其中。當然，你還是會得到報償，但你在意的不是報償。事實上，在你不期望得到報償的情況下，最後得到的甚至可能比你想像得還要多。**如果樂於工作，凡事盡力而為，我們就是真正在享受生活。我們會從工作中得到樂趣，不會感到無聊厭煩，也不會有無奈與挫折。**

如果凡事都盡力而為，心中的「法官」就沒有機會可以將你定罪或指責你。如果你已經竭盡全力，那麼當「法官」試圖依照你的「律法書」來審判時，你就可以這樣回答：「我已經盡力了。」不會有一絲悔恨的感覺。所以我們凡事都應竭盡所能，全力以赴。要遵守這個約定並不容易，但如果做到了，就能夠獲得自由。

如果凡事都盡力而為，你將會逐漸得以接納自己。但你必須覺察自己的錯誤並且從中學習。如果你想從自己的錯誤中學習，就必須實際採取行動，誠實檢視你所得到的結果，繼續不斷的練習。這樣做可以增強你的覺察力。

當你盡全力想把事情做好時，就不會覺得自己是在工作，因為你樂在其中。一旦能從行動中得到樂趣，你行動的方式便不會為自己招致任何負面的結果。之所以會竭盡全力把事情做好，是因為你想這麼做，而不是因為不得不這麼做，也不是因為你想要取悅你內在的那個「法官」，或者是其他人。

你若是因為不得已才採取行動，一定不可能把事情做好，那還不如不做。不，你之所以要盡力而為，是因為這樣做讓你很快樂；當你純粹是為了樂趣而做時，就能享受行動的過程。

一個人唯有實際採取行動，才能活出百分之百的人生。如果無所作為，那就等於否定了生命。

所謂「無所作為」，就是不敢真正的活著，不敢冒險表達真正的自我，只能日復一日、年復一年的坐在電視機前看電視。如果你想表達自我，就要採取行動。或許你的腦海裡有許許多多很棒的點子，但如果不採取行動，也無濟於事。如果光有構想，卻沒有行動，構想就無法實現，也不會得到任何的結果或報償。

電影《阿甘正傳》（Forrest Gump）的主人翁阿甘就是一個很好的例子。他並沒有什麼很棒的想法，但他會採取行動。他之所以如此快樂，是因為無論做什麼，總是盡力而為。他雖然沒有期待任何回報，但後來卻得到了豐厚的報償。當你敢冒著風險採取行動，去實現自己的夢想時，就等於展現了自己的生命力。這和把自己的夢想加諸在別人身上是不一樣的，因為每一個人都有權去實現屬於自己的夢想。

凡事盡力而為是一個很好的習慣。就拿我個人來說，我無論做什麼，都會盡力而為。這已經成為我的一種生活儀式，因為我選擇讓它成為一種儀式，它是我選擇的信念之一。我無論做什麼事情，都會把它當成一種儀式，並且總是盡力而為。

對我來說，淋浴也是一種儀式，藉著淋浴的行動來告訴我的身體我有多麼愛惜它。在淋浴時，我會專心體會水灑在我身上的感覺，並且享受那種感覺，我會盡量滿足身體的需求，給予它所需要的，也接受它所給予我的。

在印度，人們會舉行一種名叫「供奉」（puja）的儀式。在舉行這個儀式時，他們會帶來各形各色代表神的神像，為它們沐浴淨身，並獻上供品加以敬拜，甚至會對著這些神像誦經。但在這種儀式中，神像並不重要，重要的是他們舉行儀式以及敬拜神的方式。

神就是生命，是有行動力的生命。要敬拜神，最好的方式就是在你的一生當中，**凡事都盡力而為**，並且放下過往，活在當下，活在此時此地。無論生命從你那裡拿走了什麼，就放手讓它去吧。當你能夠臣服於生命並且放下過往時，就得以全然地活在當下。唯有放下過往，才能享受眼前正在上演的夢境。

如果活在過去的夢境裡，就無法享受此時此刻發生的一切，因為你總是會希望它變成另外一個模樣。我們沒有時間去想念任何人或任何事物，因為我們是活在現在。如果你無法享受此時此刻所發生的一切，就是活在過去，而且只活了一半。你將會因此而自憐、痛苦與哭泣。

你生來就有快樂的權利，你有權去愛別人，去享受生命並且和別人分享你的愛。你還活著，所以要享受你的人生，不要抗拒內在的那股生命力，因為那就是神。你的存在足以證明神的存在，也足以證明生命與能量的存在。

我們不需要知道任何事情，也不需要去證明任何事情。你只要活著、冒險行動並享受生命就可以了。這是唯一要緊的事。你想說「不」的時候，就說「不」，想說「好」的時候就說「好」。**你有權做自己，而唯有凡事盡力而為，才能做自己。如果你沒有盡力而為，就是在剝奪做自己的權利。**這是你真正應該在心中呵護、培育的一顆種子。

你不需要知識，不需要什麼了不起的哲學概念，也不需要他人接納你。你只要發揮你的生命力、愛自己、愛他人，就可以展現你內在的神性。當你對另外一個人說：「我愛你。」的時候，就已經表現出內在的神性。

你唯有凡事盡力而為，才能做到前面那三項約定。不要指望自己可以從此不再說出會傷害自己的話，因為這些習慣已經根深蒂固了，但你可以盡力而為。也不要指望自己從此就能夠不被他人的言行所影響，你只要盡力就可以了。不要指望你從此就不會再妄作假設，但你當然可以盡力而為。

你只要盡力而為，自然就愈來愈不會濫用自己的語言，也愈來愈不會認為他人的言行與你有關，也愈來愈不會妄作假設。即使做不到，也不需要批判自己、感到內疚或懲罰自己。**只要能盡力而為，就算還是會妄作假設，或認為別人的言行與你有關，或說出無益於自己的語言，你仍然會對自己感到滿意。**

如果凡事都能盡力而為，那麼假以時日，你必然能成為一位通曉改變之道的大師。要成為大師，必須反覆練習，只要凡事都能盡力而為，你就可以成為一位大師。你迄今所會的一切（包括寫作、開車乃至走路）都是透過反覆的練習才學到的；你之所以能精通目前所使用的這種語言，也是因為曾經反覆練習。**唯有採取行動，才能做出改變**。

如果盡力追求個人的自由，希望能夠學會如何愛自己，那麼遲早會達到你的目標。但你不能光是做做白日夢或花幾個鐘頭的時間打坐，你必須要挺身做一個堂堂正正的人。你必須尊重自己，尊重身體、享受身體、愛你的身體，並且餵養它、潔淨它、療癒它。

你要開始運動，並做讓身體開心的事情，這是你供奉身體的方式，也是你和神之間的交流。

你不需要敬拜聖母瑪莉亞、耶穌基督或佛陀的塑像。如果你想，當然可以這麼做；如果這樣做會讓你開心，就去做。但你的身體就是神所顯化而成，如果尊重你的身體，一切都會改觀；當你練習去愛每個部位的身體時，就在心田中播下了愛的種子。當這些種子長大時，你就會無比疼惜並尊重自己的身體。

而後，你所採取的每一個行動都將成為榮耀神的一個儀式。接下來，你便能用自己的每個意念、每種情感以及每個信念來榮耀神。你會透過每個意念與神交流，同時你將生活在一個沒有批判、沒有傷害、不需要論人是非、也不需要虐待自己的夢境中。

如果能同時遵守這四項約定，你就不可能生活在地獄般的夢境中。如果能說純正美好的語言，如果不認為別人的言行與你有關，如果不妄作假設，如果凡事都能盡力而為，你就會擁有美好的生活。你將能夠百分之百地主宰自己的生命。

這四項約定總結了「改變的修煉」（the mastery of transformation）。這是托爾特克人修煉的法門之一。透過這樣的修煉，你就能把地獄變為天堂，將地球之夢變為你個人的天堂之夢。相關的知識就在這裡，等著你去運用，你已經了解了這四項約定的內容，現在只需要接受它們並尊重它們的意義和力量。

當你試著要遵守這些約定時，只需要盡力而為就可以了。今天，你就可以和自己立下這個約定：「我選擇接受並遵守這四項約定。」這些約定的內容都非常簡單，也很合理，連孩童都能理解，但要持續遵守，就必須具備非常堅強的意志力。這是因為在人生的路上我們難免都會遭遇各種障礙，每一個人、乃至周遭的一切，都有可能會讓我們違反這些約定。

問題出在地球之夢當中的那些舊約定，它們至今仍然影響著我們，而且力量非常強大。

所以，你必須成為一個優秀的獵人，一位優秀的戰士，用生命來捍衛這四項約定，你的幸福、自由以及生活方式都將取決於此。戰士的目標就是要逃離那個地獄般的世界，永不再返。正如托爾特克人所言，如果能遵守這四項約定，你將能夠離苦得樂，成為神的化身，這就是你所得到的報償。

要持續遵守這些約定，我們確實需要用盡一切的力量。剛開始時，我也沒想到自己可以做到，後來確實也經歷了多次的挫敗。但每次跌倒後，我都會站起身來，繼續前進。如此一而再、再而三的嘗試，絕不會因此而自憐。每次跌倒時，我都會對自己說：「雖然這次跌到了，但我夠堅強，夠聰明，最後一定會成功的。」然後，我站起身來，繼續前行。就這樣，我一次又一次的跌倒、一次又一次的爬起來繼續前進，於是事情就變得一次比一次容易。但在剛開始的時候，確實感到無比的困難。

所以，如果跌到了，請不要批判自己，不要讓你內在的那個「法官」有機會把你變成一個「受害者」。不，你必須要求自己站起身來，再度和自己立約。你要說：「好吧，我違反了約定，我的語言不是純正美好。但我會重新開始，而且只要在今天努力遵守這四項約定就好。今天，我將說出純正美好的話；不會認為別人的言行與我有關；不會妄作假設，而且凡事都會盡力而為。」

如果你今天違反了某一項約定，那就從明天開始遵守。如果明天也沒做到，就從後天做起。剛開始時，勢必會很困難，但之後會一天比一天容易。終有一天，你將會發現這四項約定影響了生活中的各個層面，而且會很驚訝於你的人生出現改變。

即使沒有宗教信仰，也沒有每天上教堂，你都會愈來愈愛自己，愈來愈尊重自己。這是你能夠做到的。如果我做到了，你一定也行。

不要擔心未來，只要把你的注意力放在今天，活在當下，過好每一天。

如果你能盡力而為，遵守這些約定，不久就能夠輕易的做到。今天正是一個新的夢境的開始。

智慧摘要

- 無論「最好的表現」如何，凡事都要盡力而為，不能增一分，也不能減一分。
- 會讓你感到極度快樂的是行動本身。你之所以採取行動，不是為了得到獎賞，而是因為你樂在其中，唯有這樣，才會拿出你最好的表現。
- 如果樂於工作，凡事盡力而為，我們就是真正在享受生活。我們會從工作中得到樂趣，不會感到無聊厭煩，也不會有無奈與挫折。
- 一個人唯有實際採取行動，才能活出百分之百的人生。

- 你有權做自己，而唯有凡事盡力而為，才能做自己。如果你沒有盡力而為，就是在剝奪做自己的權利。
- 只要能盡力而為，就算還是會妄作假設，或認為別人的言行與你有關，或說出無益於自己的語言，你仍然會對自己感到滿意。

第六章

自由之路

打破舊約定

每一個人都在談論自由。世界各地的人民、種族和國家都在爭取自由。但什麼是自由？身為美國人，我們說美國是一個自由的國家。但我們真的自由嗎？我們有做自己的自由嗎？答案是否定的，我們並不自由。**真正的自由關乎人類的精神，所謂的「自由」應該是讓我們能真正做自己的自由。**

是誰讓我們無法自由？我們責怪政府、責怪天氣、責怪父母、責怪宗教，甚至責怪神。但讓我們無法自由的究竟是誰呢？是我們自己！

「自由」的真正定義是什麼？有人結婚後，就覺得自己失去自由，但離婚之後還是感覺不自由。是誰讓我們無法得到自由？我們為何無法做自己？

許久之前，我們曾經很自由，而且也很喜歡那種感覺。現在，我們仍然記得自由的滋味，但卻已經忘記自由的真義。

當我們看著一個兩、三歲或者四歲的孩子時，就可以看到一個完全自由的人。為什麼我們會說他很自由呢？因為他想做什麼，就做什麼，全然無拘無束，就像一朵花、一棵樹或一隻動物，沒有被馴化。如果我們仔細觀察，就會發現他大多數時候都滿面笑容，開心嬉戲，他盡情地探索這個世界，不害怕玩耍。儘管他在受傷、飢餓或某些需求沒有得到滿足的時候也會感到害怕，但他並不會在意過去的事，也不擔心未來，只是活在當下。

幼小的孩子不會怯於表達自己的感受。他們心中充滿了愛，因此當他們感受到別人的愛時，就會被愛融化，他們一點兒都不害怕去愛，這才是正常的人應該有的樣子。小時候，我們並不擔心未來，也不會為過去的事情感到羞恥。事實上，我們的天性就是要享受生命、玩耍嬉戲、四處探索、讓自己過得快樂，並且關愛他人。

但我們長大之後為何變成另外一副模樣？我們為何不再自由自在、無拘無束？如果從「受害者」的眼光來看，可以說那是因為我們身上發生了一些不幸，但若從戰士的眼光來看，可以說發生在我們身上的事情都很正常。

之所以變得和孩提時代不同，是因為我們有了「律法書」，有了「大法官」和「受害者」。它們控制了我們的生活，由於「法官」、「受害者」和我們心中的那套信念不允許我們做自己，所以我們就失去了自由。由於腦子裡被植入了這些垃圾，我們也就不再快樂了。

這些制約性的觀念在人與人之間傳播，並且一代傳一代，已經成了人類社會的常態。因此，你無須責怪父母把你教得和他們一樣，因為他們只能教你他們懂得的東西，他們已經盡力了。如果他們對你不好，那是因為他們受到了本身的馴化過程以及心中的恐懼與信念的影響。那不是他們自己能控制的，因此只能表現出這樣的行為。

無論任何人（包括你的父母和你自己）對你不好，都無須責怪他們，但你應該制止這樣的行為。你應該改變之前所做的那些約定，藉此掙脫「法官」的專制統治。同時，也不能再讓自己扮演「受害者」的角色。

真正的你是個從未長大的孩子。當你過得開心、玩著遊戲、感到快樂，或正在畫畫、寫詩、彈鋼琴或以某種方式表達自己的時候，內在的那個小孩就會現身。那是你生命中最快樂的時刻，這樣的你才是真正的你；這時，你不再介意過往，也不再憂慮將來，就像個孩子一樣。

但這樣的狀態都因為某個東西而改變了，那便是「責任」。我們內在的那個「法官」會告訴我們：「等等，你身上還有一些責任，還有一些事情要做。你得去工作、上學，還得賺錢謀生。」於是，我們便想起了那些責任，於是我們的臉色又開始變得嚴肅起來了。

如果你注意觀察小孩子扮演大人時的情景，就會發現這個時候他們的臉色也會跟著改變。當他們說：「假裝我是個律師。」時，他們那小臉蛋上的神情就會立刻變得跟大人一樣。那便是我們上法庭時所看到的臉，也就是我們自己的臉。我們仍然是個孩子，但卻失去了自由。

我們所追尋的自由乃是做自己、表達自己的自由。但如果我們注意觀察生活，就會發現我們做事情的目的大多只是為了取悅別人、被別人接納，而不是為了讓自己開心，這是我們之所以會失去自由的原因。在我們的社會以及全球其他不同的社會裡，有千分之九百九十九的人已經完全被馴化了。

最糟糕的是，大多數人甚至沒有意識到自己並不自由。

我們內心有一個聲音正悄悄告訴我們：其實我們並不自由。但我們並不了解那是什麼，也不明白為何並不自由。

這是因為大多數人從來不曾意識到：他們的頭腦已經被「法官」和「受害者」掌控了，因此他們才沒有機會獲得自由。

一個人要得到自由，第一步就是要覺察。必須先意識到自己並不自由，才有機會得到自由，就像我們必須先覺察問題才能解決問題一樣。

如果你想改變現狀，第一個步驟必然是要先覺察問題出在哪裡。如果不知道問題所在，根本無從做出任何改變。如果沒有意識到自己的心裡充滿各種創傷與情緒毒素，就無法著手清理那些創傷並設法療癒。這樣一來，你勢必就會繼續受苦了。

但我們沒有理由要受苦。你如果覺察到問題所在，就可以反抗，並說：「夠了！」可以設法療癒自己，並改變自己的夢境。

地球的夢境只不過是一個夢而已，並非真實的存在。如果你檢視那個夢境，並逐一質疑自己從前的信念，就會發現那些信念大多並不正確，因此這麼多年來你只是白白受苦了。何以如此？因為被植入腦海中的那套信念是建立在謊言之上。

所以，我們務必要主宰自己的夢境；因此，托爾特克人才會成為夢的大師。生活是夢境的顯現，那是一種藝術。

如果你不喜歡你的夢境，可以隨時改變生活，夢的大師可以創造出有如傑作一般的生活。他們可以藉著做選擇來掌控自己的夢境。我們無論做任何一件事情，都會招致一些後果，而夢的大師了解這一點。

如果你選擇了托爾特克人的生活方式，你就成了托爾特克人。在這種生活當中，沒有人是領袖，也沒有人是追隨者。每個人都有自己的真理，並活在自己的真理中。當你成為一個托爾特克人時，就會變得愈來愈有智慧，愈來愈無拘無束，也能重獲自由。

人們只要通過三項修煉就可以成為托爾特克人。第一種是「**覺察的修煉**」（the Mastery of Awareness），也就是覺察自己本來的面目以及自身的各種潛能。第二種是「**改變的修煉**」（the Mastery of Transformation），也就是：明白自己該如何擺脫馴化過程的影響並做出改變。第三就是「**意向的修煉**」（the Mastery of Intent）。從托爾特克人的觀點來看，所謂「意向」就是生命中那個能夠轉化能量的部分，也就是那個包含所有能量的生命體，亦即我們所稱的「神」。「意向」就是生命本身，它是無條件的愛。因此，「意向的修煉」就是「愛的修煉」。

在談到托爾特克人通往自由的道路時，會發現他們有一整套方法可以幫助人們擺脫馴化過程的影響。他們把「法官」、「受害者」和人們心中的那套信念比喻成入侵人心的一種寄生蟲。在他們看來，所有已經被馴化的人都生病了。他們之所以生病，是因為有一種寄生蟲控制了他們的心思和大腦，而那種寄生蟲所賴以為生的食物，便是那些因為恐懼而產生的負面情緒。

如果我們細讀有關寄生蟲的描述，就會發現所謂「寄生蟲」指的是一種依靠其他生命體維生，吸取後者的能量，卻對宿主絲毫沒有貢獻、且會逐漸對它們造成傷害的生命體。我們心中的「法官」、「受害者」和一整套信念就很符合這樣的描述。它們共同形成了一個由精神或情緒能量構成的生命體，而且能量還非常活躍。當然，它並非一股物質能量，但人的情緒也不是。同樣的，我們的夢境也不是物質能量，但我們都知道它們確實存在。

大腦的功能之一就是把物質能量轉化為情緒能量，我們的大腦是製造情緒的工廠。

誠如先前所言，心智的主要功能就是做夢，托爾特克人相信那隻寄生蟲（「法官」、「受害者」和人心中的信念）已經控制了人們的心思和個人的夢境。它會透過你的心思做夢，並透過你的身體生活，它依賴那些因恐懼而產生的情緒維生，靠著人的愛恨情仇與痛苦憂愁茁壯強大。

我們要追尋的自由就是：能夠運用自己的心智與身體，過著自己想過的生活，不受那些信念左右。當我們發現自己的心智被「法官」和「受害者」掌控，而真正的「我們」卻躲在角落裡時，只有兩個選擇。其一就是繼續過著現在的生活，屈服於「法官」和「受害者」的威權，繼續活在地球的夢境中。另一個選擇是像孩提時代父母試圖馴化我們時一樣，反抗他們，對著他們大聲說：「不！」我們可以向那種寄生蟲宣戰，向「法官」和「受害者」宣戰，打一場屬於我們的獨立戰爭，爭取能自由運用心智和大腦的權利。

因此，美洲各地（北起加拿大，南至阿根廷）各薩滿教派的人士才會自稱為「戰士」，因為他們正在進行一場對抗**心智寄生蟲**的戰爭，這才是「戰士」的真義。

所謂「戰士」，就是反抗那種寄生蟲入侵的人，他們會違抗寄生蟲的命令，並向它宣戰。但戰士不見得每次都能打勝仗，可能會贏，也可能會輸；但縱使可能會輸，也要盡力而為，這樣我們至少有機會能夠重獲自由。我們如果選擇反抗，至少能夠保住自己的尊嚴，不致成為無助的受害者，任由自身反覆無常的情緒或他人的情緒毒素傷害我們。就算被敵人（寄生蟲）打敗，至少我們曾經反抗，而非做個順民，任人宰割。

如果我們能成為一名戰士，就有機會能超脫地球的夢境，並且讓個人的夢境成為我們口中的「天堂」。事實上，**天堂就像地獄一樣，是存在於我們心中的一個地方**。那裡充滿了喜悅，我們在那裡能過著快樂的生活，自由自在的去愛他人並且做自己。要上天堂，不必等到死後，在活著的時候就可以。神無時無刻不在，天堂也無處不在，但首先我們需要具備能夠看到、聽到此一真理的眼睛和耳朵，我們需要掙脫寄生蟲的控制。

我們可以將寄生蟲比喻為一個千頭怪物，怪物的每一個頭就是我們心中的一個恐懼，如果想要獲得自由，就必須消滅那隻寄生蟲。方法有三種，**第**

一種就是一次攻擊一個頭。也就是說，我們要逐一面對自己心中的恐懼。這個方法要花很長的時間，但效果很好。每次正視心中的一種恐懼時，我們就會變得更自由一些。

第二種方法就是**停止餵食那隻寄生蟲**。如果我們不給它任何食物，它就會餓死。要做到這點，我們就必須控制情緒，避免為那些源自恐懼的情緒火上添油。說起來容易，做起來卻很困難，因為我們的心智已經被那「法官」和「受害者」所控制。

第三種方法被稱為「**死亡的啟示**」（the initiation of the dead）。這種方法在世界各地（包括埃及、印度、希臘和美國）的許多傳統文化和祕傳教派中都可以看到。

所謂「死亡的啟示」，指的是一種象徵性的死亡。它能夠殺死那寄生蟲，但不致危害到我們的身體；當我們象徵性地「死亡」時，那寄生蟲也不得不死去。

比起前面那兩種方法，「死亡的啟示」更快、更有效，但也更難做到。我們需要很大的勇氣，而且要非常堅強，才能面對死亡。接下來，讓我們逐一檢視這三種方法。

改變的藝術：第二注意力的夢境

之前已經提到：你現在所置身的夢境是外部的夢境攫取你的注意力，把那些信念灌輸給你的結果。馴化的過程可以被稱為「第一注意力的夢境」（the dream of the first attention），因為它是首次攫取你的注意力，被用來創造你最初夢境的方式。

要改變信念，就是把注意力聚焦在你立下的那些約定和信念上，並嘗試改變那些約定。此時，你要再度運用注意力，藉以創造「第二注意力的夢境」（the dream of the second attention），也就是新的夢境。

這兩次的差別在於，你現在已經不再是一個天真無邪的孩子了。當你還小時，別無選擇，但如今你已經不是個小孩了；現在，你可以選擇要相信什麼或不相信什麼，也可以選擇要相信任何事物，包括相信你自己。

要創造「第二注意力的夢境」，第一步就是要覺察存在於心智中的霧氣。你必須體認到自己一直以來都在做夢，唯有如此，才有可能改變。

如果體認到生命中的這個夢境是由信念所形成，而且自己相信的那些事物並不真實，就能夠著手改變它。

不過，要真正改變你的信念，必須把注意力聚焦在你想要改變的部分；你必須知道自己想要改變哪些約定，才能進行改變。

接著，下一步便是覺察所有源自恐懼、讓你自我設限、使你受苦的信念。你要盤點所有信念和約定，然後開始做出改變，這個過程被托爾特克人稱為「改變的修煉」。

這是一門高深的藝術，要進行「改變的修煉」，必須改變那些源自恐懼並且讓你受苦的約定，並以自己的方式重新編寫心智程式。要做到這點，有一個方法就是：探索並接納那些替代性的信念，例如「四個約定」。

一旦決定要接納「四個約定」，你就是在向那隻寄生蟲宣戰，以便重獲自由。「四個約定」讓你有機會可以終結痛苦、享受生命並創造新的夢境。如果你有興趣，可以去探索你有可能創造哪些新的夢境。「四項約定」可以幫助你進行「改變的修煉」，打破那些會讓你自我設限的約定，獲得更多的力量，讓你變得更強大。你愈強大，就愈有能力打破更多的約定，直到有一天終於能夠直搗那些最核心的約定為止。

當你能夠直搗那些最核心的約定時，就到達了一個被我稱為「進入沙漠」的階段。進入沙漠後，就會直面你心中的那些惡魔，但是，一旦走出沙漠之後，那些惡魔都會變成天使。

如果能遵守那四個新的約定，你會得到很大的力量。要打破心中的黑魔咒，必須擁有強大的力量，每打破一項約定，就會變得更有力量。剛開始時，你可以先試著打破較不重要、也較不費力的約定，當這些約定被打破時，你的力量就會愈來愈強大，到了某一天，就能夠面對心中最可怕的惡魔了。

舉例來說，那個被母親要求不要唱歌的小女孩現在已經二十歲了，但至今仍然不敢開口唱歌，因為她相信自己的歌聲很難聽。

有一個方法可以幫助她克服這樣的信念，她可以告訴自己：「好，就算我唱得很難聽，但無論如何，我還是要唱。」唱完後，她可以假裝有人在幫自己鼓掌，並且告訴她：「喔！你唱得真好聽。」

這樣那個約定可能就會稍微被打破一些。儘管它並未消失，但現在她已經有了多一些的力量和勇氣，之後便可以一次又一次地嘗試，直到她終於可以打破那個約定為止。這是脫離地獄之夢的一種方法。

不過，每打破一個會讓你受苦的約定，就需要用一個能讓你快樂的約定來取代它，這樣才能防止那個舊的約定死灰復燃。如果你用一個新的約定來取代舊的約定，後者就會永遠消失，取而代之的是那個新的約定。

但你心中可能還是會有許多強烈的信念讓你覺得這是不可能做到的。所以必須一步一步來，而且要對自己有耐心，因為這樣的過程原本就必須花費很長的時間。

要知道，你目前所過的生活是經過多年馴化的結果，不能指望一朝一夕就擺脫得了它。打破約定是非常困難的一件事，因為我們在做每一個約定時都用到了語言的力量（亦即我們的意志力）。

要改變一項約定，所用的力量必須和當初立約時一樣多，否則就難以成事。事實上，為了遵守那些舊的約定，我們幾乎已經用盡了所有的力量，因為那些約定對我們而言，其實很像是一種強烈的癮頭。我們已經太習慣憤怒、嫉妒和自憐，也太習慣相信：「我不夠好，不夠聰明。幹嘛要嘗試改變呢？其他人之所以會去做，是因為他們比我好。」

那些舊約定之所以能夠左右我們的夢境，是因為我們一而再、再而三的相信它們、遵守它們。因此，要接納這「四項約定」，也必須一而再、再而三的加以遵守。

只要你在日常生活中不斷練習，一定能夠漸入佳境。要成為一個大師，就必須反覆練習。

戰士的紀律：節制自己的行為

請想像一個場景：有一天清晨，你起了個大早，感覺自己朝氣蓬勃，心情愉悅，能量滿滿，準備在這嶄新的一天有一番作為。但吃早餐時，卻和另一半大吵了一架。這場爭吵激起了你的情緒，你很生氣，而怒火讓你消耗了許多能量。吵完架後，你感覺自己精疲力盡，只想找個地方大哭一場；於是，就回到自己的房間，癱在床上，努力讓心情平復。結果那整一天，你都沉浸在自己的情緒裡，沒有能量繼續前進，無論做什麼事都提不起勁。

每天早上醒來時，無論在心靈、情緒和身體方面都有一定的能量可供我們一天之用，但它的程度有限，如果我們任由這些能量被情緒耗盡，就沒有力氣可以用來改變自己的生活或為他人服務。

你每個當下的情緒會決定你看待這個世界的方式。生氣時，會覺得周遭的事物看起來都很不順眼，沒有一個對勁；你會怨天尤人、怪東怪西，甚至責怪天氣；無論晴天或下雨，都不會滿意。傷心時，周遭的一切都愁雲密佈，令你哭泣；看到樹木，就悲從中來，看到雨景，也滿懷愁緒。總而言之，萬事萬物對你來說都是一片愁雲慘霧。

當你極度缺乏安全感的時候，就會覺得隨時隨地都可能有人要傷害你，所以你有必要保護好自己，於是就開始疑神疑鬼，無法信任周遭的一切。但事實上，這是因為你用恐懼的眼光來看待這個世界的緣故！

人的心靈就像皮膚一樣。健康的肌膚被觸摸的時候，感覺會很舒服，因為皮膚的功能就是感知外在的事物，而被撫摸是很美好的一種感受。但如果皮膚上有了傷口而且已經受到感染時，如果去碰它，一定會感到疼痛，於是你就會把傷口包紮起來，以保護傷處的肌膚。在這種情況下，一定不會享受被撫摸的感覺，因為你的皮膚會感到疼痛。

現在，請你想像如果所有人的皮膚上都有傷口，那將會是怎樣的一幅景象。由於傷口會疼，所以人們都無法彼此觸摸。同時，由於人人的皮膚上都有傷口，因此疼痛和感染被視為一種正常的現象，大家也都會相信，人原本就是這個模樣。

你可以想像如果世上所有人的皮膚上都像是如此，將會如何對待彼此？可想而知，我們一定不會擁抱彼此，因為那會讓人太過疼痛，於是我們就必須和別人保持很長的一段距離。

人心正像是受到感染的肌膚。每個人的情緒體上都佈滿創傷，而且每一道創傷都受到了情緒毒素（由仇恨、憤怒、嫉妒和憂傷等情緒所分泌出來的毒素）的感染。由於我們對何謂「公平」、何謂「不公平」有既定的觀念和想法，因此如果有人做出了一件不公不義的事，我們心中的那個創傷就會被劃開，釋放出情緒毒素。

同時，由於每個人在馴化的過程中都受到了創傷，使我們的心靈充滿了毒素，因此大家都認為這是一個再正常不過的現象。但我可以告訴你：這並不正常。

地球的夢境已經失衡，而且人類的心靈都罹患了一種名叫「恐懼」的病。這種病的症狀就是憤怒、仇恨、悲傷、嫉妒和背叛等種種讓人痛苦的情緒。當恐懼感過於強烈時，人們的理智就會斷線，這時我們就會說他們得了所謂的「精神疾病」。在心智異常驚恐，疼痛難當的情況下，人們會選擇切斷自己與外在世界的連結。這時我們便會說他們出現了精神錯亂的現象。

如果我們能將人類的心智狀態視為一種疾病，就會發現這種疾病其實是可以治療的，所以我們沒有必要繼續受苦。

不過，如果想要治療這種疾病，就必須先找到方法，讓我們能夠打開傷口，將毒素取出，讓傷口得以完全癒合。該怎麼做呢？必須原諒那些錯待我們的人，但之所以要原諒他們，不是因為他們值得原諒，而是因為我們珍愛自己，不想讓自己繼續為別人不公不義的行為付出代價。

如果想得到療癒，就必須寬恕別人。之所以要選擇寬恕他人，是因為我們憐憫自己。我們要放下心中的怨氣，並大聲宣告：「夠了！我不要再當那個和自己過不去的『法官』，也不要再鞭笞自己、虐待自己，讓自己成為『受害者』了。」

首先，我們需要寬恕我們的父母、兄弟、姊妹、朋友，乃至神。一旦你寬恕了神，必然能夠寬恕自己，一旦寬恕了自己，就不會再討厭自己，會開始接受自己，也會愈來愈珍愛自己，到最後必然能夠接納自己的本來面貌。這時，你就慢慢自由了，**寬恕是療癒的關鍵**。

當你看到之前所怨恨的某個人，或者聽到他（她）的名字，卻不再有任何情緒反應時，就知道自己已經原諒對方了。當他（她）碰觸到你之前的傷口，你卻不再感到疼痛時，你就知道自己已經真正放下了。

真相就像一把手術刀。為了讓我們得到療癒，它會切開那些被謊言所覆蓋的傷口。所謂謊言，就是我們所說的「否認機制」（denial system）。「否認機制」是個好東西，因為它讓我們得以遮蓋自己的傷口，照常過活。

但是，一旦我們的傷口已經癒合，也不再有任何情緒毒素時，我們就不需要再自欺欺人了。這是因為一個健康的心靈就像健康的肌膚一樣，在被觸摸時並不會感到疼痛，所以我們就不再需要那個「否認機制」了。事實上，當我們的心靈完好無損的時候，被觸摸的感覺是很愉悅的。

大多數人的問題都出在無法控制自己的情緒。事實上，人類的行為並非由人類本身所控制，而是由情緒所控制。當我們無法控制自己的情緒時，就會說出一些自己其實並不想說的話，做出一些其實自己並不想做的事。

所以，我們必須注意自己的語言，當一個捍衛自己的心靈的戰士，必須學習如何控制情緒，這樣才會有足夠的力量來改變那些因恐懼而立下的約定。也唯有如此，我們才能逃離地獄，創造屬於自己的天堂。

要如何成為一名戰士呢？全世界的戰士幾乎都有一些共通的特質。首先，他們具有覺察力，這點非常重要。我們要覺察自己的心靈正處於戰爭狀態，而為了打贏這場戰役，需要遵守一些紀律。

所謂的「紀律」，指的不是一般士兵必須遵守的紀律，而是戰士的紀律。它不是來自外在、指導我們該做什麼、不該做什麼的那種紀律，而是要求自己無論如何都要成為自己的那種紀律。

其次，戰士具有控制力，但不是控制他人，而是控制自我，控制自己的情緒。我們唯有在無法控制自己的情緒的時候，才會試圖壓抑這些情緒。

「戰士」和「受害者」之間的主要差異在於：「受害者」會壓抑自己的

情緒，「戰士」則會克制自己的情緒。「受害者」因為不敢表露自己的情緒，不敢說出心裡想說的話，所以才會壓抑自己的情緒。

「克制」和「壓抑」並不相同。所謂「克制」就是暫時忍住自己的情緒，等到適當時機才表達出來，既不過早，也不過晚。所以戰士絕不會說出無益於自己的語言，他們完全能夠控制自己的情緒，因此也能控制自己的行為。

死亡的啟示：擁抱死神

要獲得個人的自由，最後一個方法就是：**準備接受死亡的啟示**，以死亡為師。死神可以教我們該如何真正的活著。我們必須覺悟：隨時都可能會死，只有當下可活。事實上，誰能知道自己明天是否還能活著呢？我們往往以為來日方長，但事實是否如此？

如果到醫院去看病，醫生說我們只剩下一個星期的時間可活，那我們該怎麼做呢？正如我先前所言，有兩個選擇。一個是因此而感到痛苦，並且見人就呼天搶地：「我好可憐啊，我快死了！」另一個選擇則是把握每一刻的時光讓自己開心，做自己真正喜歡做的事。

如果我們的生命只剩下一個星期，就讓我們享受生命、發揮自己的生命力吧！我們可以告訴自己：「我不要再試圖取悅別人，也不要再擔心他們怎麼看我了。我要做自己！反正再過一個禮拜就死了，幹嘛還在意別人對我的想法呢？我要做自己。」

從死神的身上，可以學到：**應該把每一天都當成是最後一天來活，因為我們可能沒有明天**。每天早上起床時，我們可以告訴自己：「我醒來了。我看到了太陽。我要感恩太陽，感恩一切，感恩每一個人，因為我還活著，還有一天的時間可以做自己。」

這就是我看待生命的方式，也是死神教會我的事。它教會我要完全敞開自我，無所畏懼，要用心對待我所愛的人，因為過了今天，我可能就沒有機會對他們表達自己的愛意。因為我不知道我還會不會再看到你，所以我不想和你吵架。

萬一我和你大吵了一架，而且對你說了很多惡毒的話，然後你第二天就死了，那我該怎麼辦呢？心中的「法官」一定不會放過我，我也會因為說了那些話而感到內疚，甚至會因為我沒有告訴你我有多愛你而自責。我可以和你分享我所擁有的愛，這樣的分享讓我感到快樂，所以，我為什麼要否認我愛你呢？至於你是否也愛我，那並不重要。或許我明天就會死去，或許你明天就不在了；現在我就要讓你知道我有多愛你。對我而言，這是一件令人快樂的事。

你可以用這種方式過活。如果你這麼做，就已經為接受死亡的啟示做好了準備。當你得到這樣的啟示後，心智中的那個舊夢就會從此消散，永不再返。你仍然會記得心智中的那隻寄生蟲（「法官」、「受害者」以及過去的那套信念），但它將不再有任何生命。

也就是說，當我們得到死亡的啟示後，死去的將會是那隻寄生蟲。但要得到死亡的啟示並不容易，因為那「法官」和「受害者」並不想死，所以它們會極力抗拒，而我們也會感覺死去的將是自己，但我們並不想死。

事實上，當我們活在地球的夢境中時，就等於是已經死了一樣。所以，那些得到死亡啟示的人將可獲得一份最美妙的禮物，那便是：復活。所謂「復活」就是起死回生，擁有生命力並且再次做回自己。

所謂「復活」，就是讓自己像個孩子一樣，自由自在、無拘無束，但又和孩子不同。不同的地方在於我們已經有了智慧，不像孩子那般天真。我們有能力擺脫馴化過程對我們的影響，重獲自由，也有能力療癒自己的心靈。

我們知道，在得到死亡的啟示後，那寄生蟲將會死去，而我們還會活著，並且擁有健康的心靈和完全的理性。而後我們就可以自由地運用自己的心智，管理自己的生活。

根據托爾特克人的說法，這就是死神教會我們的事。它來到我們面前，對我們說：「你看！這裡的一切都是我的，不是你的。你的房子、你的配偶、你的孩子、你的汽車、你的事業和你的財富，都是我的。如果我想要，隨時都可以把它們拿走，你只是暫時使用罷了。」

如果我們聽從死神的教導，就可以從此過著快樂的生活。為什麼？因為死神會把過去帶走，以便讓生命得以繼續。隨著每一個時刻的過去，它會不斷地把那些已經逝去的部分帶走，讓我們得以活在當下。心智中的那隻寄生蟲希望我們能把過去的一切都扛在身上，讓我們的生命變得沉重。

但若我們一直活在過去，如何能夠享受現在？我們在想望未來的時候，為何要背負著過去的包袱？何時才能活在當下？這是死神教會我們的事。

智慧摘要

- 真正的自由關乎人類的精神，所謂的「自由」應該是讓我們能真正做自己的自由。
- 真正的你是個從未長大的孩子。
- 我們做事情的目的大多只是為了取悅別人、被別人接納，而不是為了讓自己開心，這是我們之所以會失去自由的原因。
- 一個人要得到自由，第一步就是要覺察。必須先意識到自己並不自由，才有機會得到自由。

- 我們要追尋的自由就是：能夠運用自己的心智與身體，過著自己想過的生活，不受那些信念左右。
- 天堂就像地獄一樣，是存在於我們心中的一個地方。
- 要真正改變你的信念，必須把注意力聚焦在你想要改變的部分；你必須知道自己想要改變哪些約定，才能進行改變。
- 要真正改變你的信念，必須把注意力聚焦在你想要改變的部分；你必須知道自己想要改變哪些約定，才能進行改變。
- 每打破一個會讓你受苦的約定，就需要用一個能讓你快樂的約定來取代它，這樣才能防止那個舊的約定死灰復燃。
- 你每個當下的情緒會決定你看待這個世界的方式。
- 一旦寬恕了自己，就不會再討厭自己，會開始接受自己，也會越來越珍愛自己，到最後必然能夠接納自己的本來面貌。

- 應該把每一天都當成是最後一天來活，因為我們可能沒有明天。
- 所謂「復活」就是起死回生，擁有生命力並且再次做回自己。

第七章
新的夢

人間天堂

我希望你能忘掉你這一生所學到的一切。如此，才能開始創造新的認知、新的夢境。

你現在所經歷的這個夢境都是自己創造出來的。那是由你對現實的感知所形成的，而你可以隨時改變這個夢境。要知道，**你有能力創造地獄，也有能力創造天堂**。因此，為什麼不做一個不一樣的夢呢？為何不運用你的心智、想像力和情感去創造一個天堂般的夢境？

你只要運用想像力，就會有極其美好的事情發生。請想像你現在隨時都能以一種新的眼光來看待這個世界，每次一睜開眼睛，就能以一種與從前不同的方式來觀看周遭的世界。現在，請閉上眼睛，然後再睜開，並看著外面的世界。

你會看到樹木、天空和日光中都散發著愛，你會發現周遭的一切都洋溢著愛，這就是極樂的狀態。

你在萬事萬物（包括你自己和其他人）中都能看到愛，即便你面對的是悲傷的人或憤怒的人，都可以看到他們的那些感受後面也蘊含著愛。

我希望你能運用自己的想像力和嶄新的眼光來觀看，我希望你看見自己過著新的生活，置身於新的夢境中。這時候的你，無須證明自己存在的價值，並且能夠自由自在的做那個真正的你。

請想像你可以理直氣壯的做個快樂的人，並且真正享受自己所過的生活。你的心中沒有矛盾，和他人也沒有衝突。

請想像你可以勇於表達自己的夢境，知道自己要什麼、不要什麼以及何時想要。請想像你可以隨意依照自己真正想要的方式來改變自己的生活，不害怕向別人提出你的需求，也不怕答應或拒絕任何人的任何要求。

請想像你在往後的生活中不再擔心會被他人評斷，不再因為顧慮他人對你的看法而去做什麼或不做什麼，不再為他人的意見負責。你既不需要控制任何人，也沒有人能控制你。

請想像你在往後的生活中不再評斷他人，而且能夠輕易的寬恕他人並且放下心中的成見；你不需要證明自己是對的，也不需要證明別人是錯的。你尊重自己，也尊重其他每一個人，而他們也尊重你。

請想像你在往後的生活中不再因為害怕而不敢去愛人，也不再擔心沒有人愛你，不再害怕被拒絕，也不需要被他人接納。你可以理直氣壯的向別人表達愛意，不需有任何理由，無論到哪裡都可以敞開心房，不怕受到傷害。

請想像你在往後的生活中不再害怕冒險，可以勇於探索生命，不再害怕失去任何東西，不害怕真正的活著，也不害怕死亡。

請想像在往後的生活中，你能夠喜歡自己的本來面目，喜歡自己身體目前的模樣，也可以接受自己的各種情緒，並且知道現在的你已經很完美。

我之所以請你想像以上這些情景，是因為這樣的境界是完全可以實現的！你可以生活在充滿恩典與喜樂、有如天堂一般的夢境中。但要真的置身於這個夢境中，必須先了解它所蘊含的意義。

唯有愛才能讓你達到極樂的境界。這個境界就如同戀愛一般，戀愛中的人就有如置身極樂之境，輕飄飄的彷彿置身雲端，無論走到哪裡，都會感受到愛。我們絕對有可能一直過著這樣的生活，因為有些人已經辦到了，而且他們和你並無二致。他們之所以能夠置身極樂之境，是因為他們改變了和自己所做的約定，並且創造了一個與從前不同的夢。

一旦你體會到置身極樂之境的滋味，就會愛上它。你將會發現「人間天堂」的說法的確真實。一旦你知道「人間天堂」確實存在，而且我們有可能一直置身其中，就可以努力進入這樣的天堂。兩千年前，耶穌告訴我們天國就是愛的國度，但當時鮮少人能聽得進去。他們說：「你在說什麼？我的心裡很空虛，感受不到你所謂的愛，也感受不到你身上的那種安詳與平靜。」你不需要如此，只要想像祂所說的愛是有可能存在的，就會發現自己已經擁有了愛。

這個世界何其瑰麗，又何其美妙。當你能夠愛自己、愛別人時，生活就會變得非常容易，可以時時刻刻滿懷愛心，這是你的選擇。你或許找不到理由去愛人，但你可以去愛，因為愛讓你無比快樂。

當你把你的愛付諸行動，就會得到快樂。愛會讓你擁有內在的平安，也會改變你對一切事物的看法。

你可以用充滿愛的眼光來看待一切，可以覺察周遭的愛，當你以這種方式生活時，心智就不會再被那霧氣籠罩，也永遠不會再被「米托太」所困。這是千百年來人類一直想到達到的境界。數千年來，我們一直在追尋幸福。那是我們失去的樂園，是我們一直努力想要達到的境界，心靈進化的現象，也是人類未來的寫照。

這樣的生活方式是有可能實現的，而且它就在你的掌握中。摩西稱之為「應許之地」，佛陀稱之為「涅盤」，耶穌稱之為「天堂」，托爾特克人則稱之為「新的夢境」。

不幸的是，你個人的夢境和地球的夢境相混了，因此所有的信念和約定都被那霧氣所籠罩。你感受到了那隻寄生蟲的存在，並且相信它就是你。這使得你很難擺脫那隻寄生蟲，也很難在內心騰出空間來體驗世上的愛。你緊抓著那「法官」和「受害者」不放，因為受苦讓你有一種安全感，因為你已經很熟悉那種痛苦的感覺了。

但你真的沒有理由受苦。之所以會受苦，唯一的原因是你選擇要受苦。如果你審視自己的生活，會找到很多藉口來讓自己受苦，但不會找到一個受苦的好理由。同樣的，快樂也是如此。你之所以快樂，唯一的理由是你選擇要快樂。快樂是你自己的選擇，受苦也是。

或許我們無法逃離人類共同的命運，但可以選擇要忍受我們的命運，還是要享受它，也可以選擇要忍受痛苦還是要享受愛與幸福；同樣的，也可以選擇要活在地獄，還是活在天堂。我選擇活在天堂。你呢？

智慧摘要

● 唯有愛才能讓你達到極樂的境界。這個境界就如同戀愛一般，戀愛中的人就有如置身極樂之境，輕飄飄的彷彿置身雲端，無論走到哪裡，都會感受到愛。

祈禱文

請花一點時間閉上眼睛，敞開心房，感受那來自心中的愛。

希望你能在心中和我一起唸誦祈禱文，來感受強烈的愛的連結。讓我們一起來做一次特別的禱告，以體驗和造物主之間的交流。

現在，請你把注意力放在肺部，彷彿它是世上唯一存在的事物。請試著感受你的肺部不斷擴張，讓你對呼吸的需求能得到滿足的那種愉悅感。

請深吸一口氣，感受肺部充滿空氣的感覺，感受空氣裡盈滿的愛，注意空氣與肺部的連結，那是一種愛的連結。讓你的肺部擴張，讓裡面充滿空氣，直到你的身體不得不把那些空氣排出去為止。然後，請開始呼氣，並再度感受那種愉悅感。因為當身體的任何需求得到滿足時，我們都會感到愉悅，光是呼吸，就會感到很愉悅，光是呼吸就足以時時刻刻感到快樂並享受生命，光是活著就夠了。

試著感受活著的樂趣以及愛的愉悅……

為自由而祈禱

今天，宇宙的創造者，我們請你來到我們面前，和我們進行強烈的愛的交流。我們知道你真正的名字是「愛」，也知道要和你交流就意味著要讓自己振動的頻率和你相同，因為你是宇宙間唯一的存在。

今天，請幫助我們像你一樣，熱愛生命，成為生命，成為愛。請幫助我們像你那般愛人，不帶任何條件、不懷任何期望、沒有任何義務，也不做任何評斷。請幫助我們愛自己、接納自己、不評斷自己，因為當我們評斷自己時，就會認為自己有罪，必須受到懲罰。

請幫助我們無條件的去愛你所創造的一切，尤其是其他的人，尤其是我們周遭的人，所有的親人以及讓我們很難去愛的那些人，因為當我們棄絕他們時，便棄絕了自己；當我們棄絕自己時，我們便棄絕了你。

請幫助我們無條件的去愛別人，並且愛他們原本的面目。

請幫助我們接納他們真正的模樣，不做任何的評斷，因為如果我們評斷他們，就會認定他們有罪，就會責怪他們，並且感覺有必要懲罰他們。

今天，請滌淨我們心中的情緒毒素，讓我們不對他人做任何評斷，好讓我們能活在全然的安寧以及全然的愛中。

今天是很特別的一天。我們再度敞開心房，讓愛得以進入心中，以便我們能毫不懼怕而且真心誠意地告訴彼此：「我愛你。」

今天，我們把自己獻給你。請你來到我們這裡，使用我們的聲音、我們的眼睛、我們的雙手以及我們的心靈，讓我們能和每一個人進行愛的交流，並分享我們自己。

今天，請幫助我們變得像你一樣。我們為今天所得到的一切感謝你，尤其感謝你讓我們能夠做自己。阿門。

為愛而祈禱

現在，我們將一起做一個美夢，一個你會一直想要放在心裡的夢。在夢中，天氣溫暖晴朗，那是一個美好的日子，你聽見鳥語、風聲和潺潺的流水聲。你往小河處走去，看到河邊有一位老人正在打坐，他的頭部散發出美麗的五彩光芒。你試著不驚動他，但他察覺你的到來，於是便睜開了眼睛，他的眼裡充滿了愛，臉上也帶著燦爛的笑意。

你問他為何能夠散發出那些美麗的光芒，並且請他教自己該如何做到。他回答說：許多年前，他也曾經問他的老師同樣的問題。

於是，老人開始告訴你他的故事：「有一天，我的老師打開他的胸膛，把他的心拿出來，又從他的心中取出了一簇美麗的火焰。然後，他便打開我的胸膛，打開我的心，把那簇小小的火焰放進去，然後再把我的心放回我的胸膛。當那顆心進入我的體內時，我立刻感受到一股強烈的愛，因為他放進我心中的火焰就是他自己的愛。

那簇火焰在我心中愈燒愈旺，成了一團火。那火並不會燃燒，但能淨化它所觸碰的一切。那團火接觸到了我體內的每一個細胞，那些細胞便用愛回報我，而我也和身體合而為一了。但我的愛不但沒有減少，反而變得更多。後來，那團火碰觸到我心中的每一種情感，於是那些情感便全都化成強烈、熾熱的愛，而我也全然地、無條件地愛著自己。

但那團火不斷燃燒，愈燒愈旺，因此我需要把我的愛分享出去。於是，我便決定在每一棵樹木裡面都放入一點我的愛，而那些樹木也用愛來回報我，於是我便和它們合而為一了。但我的愛並未止息，反而變得愈來愈多。於是，我又把一點愛放進所有的花草和土壤中，而它們也用愛來回報我，然後我們便合而為一了。接著，愛意還是持續滋長，愈來愈多，讓我得以去愛世上的每一隻動物，而它們也用愛來回應，於是我們也合而為一了。但我的愛還是無法休止。

我再把一些愛放進每一塊水晶、地裡的每一顆石頭以及泥土與金屬中，而它們也以愛回應我，於是我也和泥土合而為一了。然後，我決定把愛放進水裡以及海洋、河流、雨水和冰雪裡，而它們也以愛回應我，於是我們也合而為一了。

然而，我的愛還是愈來愈滿溢，於是我決定把愛分給空氣和風，我感覺自己和泥土、風、海洋、大自然進行著強烈的交流，而我的愛還是繼續漫延。

我抬頭望著天空、太陽和星辰，並且把我的愛放進所有的日月星辰中，而他們也以愛來回應我，於是我也和它們合而為一了，但我的愛還是不斷增長。於是，我又把愛放進每一個人心中，然後我便和所有人合而為一了。無論我走到哪裡，無論我遇見誰，我都可以在他們的眼中看見我自己，因為我已經成為萬物的一部分，因為我愛它們。」

老人說完後便打開他自己的胸膛，把他那顆裝著美麗火焰的心臟拿出來，並將那簇火焰放進你的心中。現在，你和也和風兒、水兒、星辰、大自然以及所有的動物和人類合而為一了。你感受到心中那簇火焰散發出來的溫暖與光亮。同時，你的頭部也散發出了美麗的五彩光芒。

現在，你渾身都散發著愛的光芒。然後開始祈禱：

謝謝你，宇宙的創造者，謝謝你賜給我生命。謝謝你把我真正需要的一切都賜給了我。謝謝你讓我有機會體驗這美麗的身軀以及這個美妙的心智。謝謝你住在我的內心，並用你的愛、你那純淨無邊的精神以及溫暖明亮的光芒充滿我。

謝謝你讓我無論走到哪裡，都可以用我的話語、眼睛和心靈與別人分享你的愛。我愛你本來的面目，也愛著自己本來的面目，因為我是你創造出來的。請幫助我，讓我心中一直都有著愛與平安，也讓那樣的愛成為我未來的生活方式，讓我在往後的生命中都能活在愛中。阿門。